Philipp Müller

Am Yisrael Chai

Gedanken über das jüdische Volk im einundzwanzigsten
Jahrhundert

Bibliografische Information der Deutschen Nationalbibliothek: Die Deutsche Nationalbibliothek verzeichnet diese Publikation in der Deutschen Nationalbibliografie; detaillierte bibliografische Daten sind im Internet über dnb.dnb.de abrufbar.

Herstellung und Verlag: BoD – Books on Demand, Norderstedt

ISBN: 978-3-7504-4226-9

Für Jenny

AM YISRAEL CHAI

Gedanken über das jüdische Volk im einundzwanzigsten Jahrhundert

Inhalt

Vorwort

„AM YISRAEL CHAI" bedeutet auf Hebräisch „Das Volk Israel lebt". Dies ist ein sehr bekannter und häufig benutzter Satz, der verwendet wird, um zu zeigen, dass sich das jüdische Volk trotz aller Schwierigkeiten und Anfeindungen weiterhin auf der Erde befindet und weiterentwickelt.

Doch welche Probleme hat das jüdische Volk heutzutage? Diese Frage werden wir versuchen im Verlaufe des Lesens zu beantworten. Dieses Buch hat also das Ziel, die aktuellen Tendenzen, Strömungen, Schwierigkeiten und insgesamt die Situation, in der sich das jüdische Volk am Anfang des 21. Jahrhunderts befindet, aufzuzeigen, zu analysieren und mögliche Ansätze zu rationalen Lösungen der Probleme zu finden.

Angefangen mit der Frage „Wer ist Jude?", die schon so lange wie das jüdische Volk selbst existiert, aber nie beantwortet werden kann und zu jeder Epoche eine andere Diskussion ist, werden wir uns politische und religiöse Strömungen, die Situation in Europa, den Umgang mit Antisemitismus und den Einfluss Israels auf den Charakter des jüdischen Volkes ansehen, um einen groben Überblick über die Zusammenhänge und Bedeutung der Themen zu verschaffen. Gerade in unserer Zeit, in der Antisemitismus wieder salonfähig wird, ist es wichtig, auf Basis von Tatsachen über das jüdische Volk informiert zu sein.

1. Wer ist Jude?

„Jude ist derjenige, der den Mut hat, sich als Jude zu bezeichnen."

-Igor Guberman

DAS JÜDISCHE VOLK gibt es schon seit 4000 Jahren auf der Erde, die jüdische Diaspora seit fast 2000 Jahren. Aber auf die Frage, wer denn eigentlich die Juden sind, beziehungsweise wer Jude ist und wer nicht, können nicht einmal die Juden selbst eine Antwort geben.

Für fast jede andere Nation der Welt ist die Frage nach der Zugehörigkeit zu jener Nation, je nach dem, wie sie gestellt wird, unterschiedlich, aber in allen Fällen relativ leicht zu beantworten. Interessiert einen beispielsweise, wer Deutscher ist, so ist die erste und häufigste Antwort, die man in Deutschland zu hören bekommt, dass jeder Bürger der Bundesrepublik Deutschland ein Deutscher sei. So steht es im Pass und so ist auch die offizielle juristische Definition.

Fragt man nun aber, was mit den deutschsprachigen Minderheiten in Osteuropa ist, die keine deutsche Staatsangehörigkeit besitzen, so kann die Antwort auch anders lauten. Die zweite mögliche Antwort nach der Volksangehörigkeit ist das ethnische Kriterium, das heißt in diesem Fall, dass jeder Mensch, der mit den deutschen Traditionen aufgewachsen ist, dessen Muttersprache Deutsch ist und der in einer Gemeinschaft von Deutschen lebt oder aufwuchs, als Deutscher gilt. Diese Definition überschneidet sich zum Großteil mit der juristischen Definition, allerdings ist sie zu dieser nicht identisch.

Eine dritte mögliche Definition, die man allerdings für Deutsche aufgrund der tragischen Ereignisse der Mitte des 20. Jahrhunderts wenig benutzt, ist die Postulierung einer gemeinsamen Abstammung eines Volkes. Das heißt für unser Beispiel: Jeder, der eine deutsche Abstammung besitzt, wäre nach dieser Definition deutsch. Ich persönlich halte diese Definition für die am wenigsten praktisch nützliche, da ein Kind deutscher Eltern, welches aber nicht in der deutschen Kultur aufwuchs und kein Deutsch spricht, wohl kaum als Angehöriger des deutschen Volkes gelten kann.

Insgesamt haben wir also drei Kriterien definiert, mit denen man bestimmen kann, ob eine Person einem Volk angehört: Die juristische, nach dem Staat, die ethnische, nach der Kultur, und die erbliche, nach der Abstammung. Diese drei Definitionen kann man, je nach Bedarf, auf die große Mehrheit der Völker der Erde anwenden. Was also macht das jüdische Volk so einzigartig, dass selbst qualifizierte Ethnologen, Religionswissenschaftler und Rabbiner keine eindeutige, allgemein anerkannte und akzeptierte Antwort auf die einfach zu scheinende Frage „Wer ist Jude?" geben können?

Nun könnte den meisten Lesern, die mit dem Thema weniger vertraut sind, an dieser Stelle die Formulierung „jüdisches Volk" seltsam erscheinen. Die meisten Deutschen kennen das Judentum zwar als Religion, vom Volk dagegen ist eher selten die Rede. Wird beispielsweise in der Öffentlichkeit etwas vom jüdischen Volk gesagt, ist man fast immer über diesen Ausdruck erstaunt. Oft will man sogar nicht wahrhaben, dass das Judentum mehr als nur eine Religion ist. Daher sollten wir, bevor wir auf das Thema der Angehörigkeit zum jüdischen Volk zurückkommen, erst einmal diskutieren, ob die Juden ein Volk sind und warum sie sich selbst als solches bezeichnen.

Um das zu tun, müssen wir zum einen wissen, wie die historische und aktuelle Situation des jüdischen Volkes aussieht und welche charakteristischen Merkmale die Gesamtheit der Juden aufweist und zum anderen, was genau der Begriff Volk eigentlich meint.

Versuchen wir zunächst, die gegenwärtige Situation des jüdischen Volkes historisch zu betrachten.

Man nimmt an, dass die nomadischen Stämme, aus denen später die Juden werden sollten, schon vor etwa 4000 Jahren im Nahen Osten existierten. Laut der Torah sei Abraham (hebräisch: Vater der Völker) der Urvater des jüdischen Volkes, womit sich die Abstammung aller Juden auf Abraham zurückverfolgen lasse. Dies würde eine gemeinsame Abstammung aller Juden, ausgenommen Konvertiten, bedeuten. Darüber, ob das tatsächlich so ist, kann man streiten. Was aber als sicher gilt, ist, dass die Juden der Antike kompakt in der südlichen nahöstlichen Levante als Mehrheit existiert haben, in dem Gebiet, was als Eretz Israel (hebräisch: Land Israel) bezeichnet wird. Nicht nur die biblischen Texte, sondern auch zahlreiche archäologische Funde bestätigen diese Tatsache.

Da sich die Einwohner des historischen Königreiches, welches in der Levante existierte, als „Israel" bezeichneten, sollten wir an dieser Stelle statt dem Wort

„Juden" den Begriff „Israel" benutzen. Das Volk Israel bestand ursprünglich aus zwölf Stämmen, einer von ihnen war der Stamm Yehuda, nach dem auch das nach der Teilung des Königreiches existierende Südreich Judäa benannt war. Später leitete sich daraus der Begriff „Juden" ab. Die heutigen Juden gelten tatsächlich als Nachkommen der Israeliten des Stammes Yehuda, da die anderen Stämme durch die Assyrer deportiert wurden und als verloren gelten.

Nachdem im zweiten Jahrhundert unserer Zeitrechnung der Großteil der Juden aus Eretz Israel durch die Römer vertrieben wurde, siedelten sie sich in großen Städten in Europa und dem Nahen Osten an und verteilten sich so allmählich in der gesamten Welt. Damit begann die Phase der Diaspora des jüdischen Volkes, die teilweise bis heute anhält. Was jedoch alle Juden in allen verschiedenen Ländern verband und immer noch verbindet, sind die Traditionen und die jüdische Religion, welche deswegen eine zentrale Rolle in der jüdischen Kultur spielt.

Seit dem Beginn der Diaspora sind das jüdische Volk und die Religion sehr eng miteinander verbunden, da die jüdische Religion die Geschichte der Juden erzählt, welche auch die Grundlage für die Kultur und die Traditionen des Judentums schafft. Aufgrund dieser Tatsache sind nur Angehörige des Volkes Anhänger der jüdischen Religion, die eine der wenigen Religionen ist, die nicht missioniert.

Für die Bestimmung der Zugehörigkeit einer Person zum jüdischen Volk muss neben den juristischen, kulturellen und erblichen Aspekten also auch die religiöse Sichtweise herangezogen werden.

Nun zur aktuellen Situation der jüdischen Gemeinschaft. Im 19. Jahrhundert initiierte Theodor Herzl mit der Idee eines hypothetischen jüdischen Staates an der Stelle des antiken Königreiches die zionistische Bewegung, die sich für die Einrichtung eines solchen Staates einsetzte. Juden aus der ganzen Welt begannen, nach Eretz Israel zu ziehen. Im Jahre 1948 rief David Ben-Gurion den jüdischen Staat Israel aus. Damit war für die dort ansässigen Juden die fast 2000 Jahre anhaltende Existenz in der Diaspora beendet.

Heute leben etwa 6,7 Millionen Juden in Israel und etwa acht Millionen in der Diaspora. Durch das Jahrtausende andauernde Exil haben sich unter den Juden der verschiedenen Erdteile lokale Traditionen ausgebildet. Insgesamt haben sich aber die jüdischen Traditionen und die Religion nicht nennenswert verändert.

Folgendes können wir also über die heutige jüdische Gemeinschaft zusammenfassen: Die heutigen Juden können sich auf einen gemeinsamen historischen Ursprung, also eine gemeinsame Abstammung, zurückberufen. Die Juden hatten in der Antike einen eigenen Staat, und auch in der Gegenwart gibt es einen. Zudem hat die jüdische Gemeinschaft eine eigene Religion und eigene Traditionen, welche bei den in der gesamten Welt verteilten Juden mehr oder weniger dieselben sind. Es gibt zudem ein starkes Zugehörigkeitsgefühl der Juden zu ihrer Gemeinschaft. Die Juden selbst behaupten, sie seien ein Volk.

Was das jüdische Volk allerdings nicht besitzt, ist eine universelle jüdische Sprache. In verschiedenen Erdteilen haben sich mehrere jüdische Sprachen ausgebildet, beispielsweise das Jiddisch in Mittel- und Osteuropa und das Ladino im Süden Europas und in Nordafrika. Was man als eine verbindende Sprache ansehen könnte ist das Hebräisch, allerdings wird dieses aktiv nur in Israel und von Israelis im Ausland gesprochen.

Damit wir nun feststellen können, ob die Juden ein Volk sind, müssen wir wissen, welche Merkmale ein Volk ausmachen.

Es gibt keine eindeutige Definition des Begriffes „Volk". Das Wort „Volk" kann als „viele Menschen" verstanden werden, ähnlich zu dem englischen „people". Wir benutzen den Begriff Volk aber eher für eine Gruppe von Menschen, die aufgrund von bestimmten Merkmalen zusammengehört. Hier muss man zwischen Staatsvolk, Volk im Sinne von Ethnie und Volk im Sinne von Nation unterscheiden.

Ersteres ist am einfachsten zu definieren: Das Staatsvolk eines bestimmten Staates ist die Gesamtheit seiner Staatsbürger. In Bezug auf die Juden wäre hier also von den Staatsbürgern Israels die Rede. Jedoch lebt die Mehrheit der Juden nicht in Israel und besitzt auch nicht die israelische Staatsbürgerschaft. Die Gesamtheit der Juden als Staatsvolk Israels zu definieren würde daher wenig Sinn ergeben, vor allem da zu letzterem auch die israelischen Araber gehören.

Betrachten wir ein Volk im Sinne von Ethnie, so gibt es wiederum keine genaue Definition. Allgemein gilt als Ethnie eine soziale Gruppe, die zum einen auf dem Zugehörigkeitsgefühl der Mitglieder beruht und zum anderen sich nach außen abgrenzt. Dieses Zugehörigkeitsgefühl basiert meistens auf gemeinsamer

Geschichte, Sprache, Abstammung, Tradition, Religion oder Verbindung zu einem bestimmten geographischen Gebiet.

Diese Voraussetzungen werden vom jüdischen Volk zum Großteil erfüllt: Die Juden haben, bis zum Anfang der Phase der Diaspora, eine gemeinsame Geschichte, auf der auch die gemeinsame Religion und die gemeinsamen Traditionen aufbauen. Was man dennoch als problematisch ansehen könnte, ist die Tatsache, dass die Phase der gemeinsamen Geschichte schon vor etwa 2000 Jahren endete. In diesen 2000 Jahren entstanden und gingen Völker unter, die ebenfalls, wenn auch auf eine kürzere, Geschichte zurückblicken konnten. Beispielsweise hat die Geschichte der indischen Juden nach dem zweiten Jahrhundert unserer Zeitrechnung so gut wie gar nichts mit der des osteuropäischen Judentums zu tun. Aber dennoch, und das ist wichtig, verstehen sich Juden in aller Welt als Mitglieder des jüdischen Volkes. Die gemeinsame Herkunft hat also noch immer eine große Bedeutung.

Reden wir über die gemeinsame Herkunft, so impliziert dies eine gemeinsame Abstammung. Die Tatsache, dass sich die Abstammung der heutigen Juden auf das antike Israel zurückverfolgen lässt, ist historisch belegbar. Zweifel allerdings kommen auf, wenn man die Nachkommen von Konvertiten miteinbezieht. In 2000 Jahren im Exil ist die Wahrscheinlichkeit sehr hoch, dass sich die Nachkommen der Israeliten mit der einheimischen Bevölkerung relativ stark vermischt haben. Die Konvertiten wurden allerdings in die jüdische Gemeinschaft einbezogen und assimilierten sich in ihr.

Somit haben vielleicht nicht alle Juden auf der Welt genau dieselbe Abstammung, von einer gemeinsamen historischen Herkunft kann man aber meiner Meinung nach dennoch sprechen.

Eine gemeinsame Sprache haben die Juden, wie schon erwähnt, nicht, aber das Hebräische als Sprache der Religion und der Traditionen schafft trotzdem ein Zugehörigkeitsgefühl, vor allem da es jetzt auch die Amtssprache des Staates Israel ist.

Die Juden hatten über lange Zeit kein eigenes Land, auf dem sie konzentriert zusammenlebten. Aber sie hatten ein solches vor der Vertreibung. In der Religion und in den jüdischen Traditionen spielt Eretz Israel eine zentrale Rolle. Das zeigt, dass sich die Juden schon immer mit einem geographischen Gebiet identifizierten und es als Heimat betrachteten, was nicht zuletzt mit der zionistischen Bewegung deutlich wurde.

Die Zweifel an der Ethnizität der Juden sind somit einzig der Vertreibung letzterer aus Eretz Israel geschuldet. Allerdings sind alle Eigenschaften, von denen die wichtigste das ethnische Zusammengehörigkeitsgefühl ist, die in der Diaspora erhalten werden können, auch erhalten geblieben. Damit kann man die Juden durchaus als Ethnie klassifizieren.

Die dritte Auffassung des Begriffes „Volk" stellt das Konzept der Nation dar. Dieses ist sehr ähnlich zum Konzept der Ethnie, das heißt auch hier werden bestimmte soziale und kulturelle Bedingungen aufgezählt. Es wird allerdings oft das Vorhandensein eines Territoriums und einer Wirtschaft als zentrales Merkmal vorausgesetzt.

Dazu schreibt Josef Stalin beispielsweise: „Eine Nation ist eine historisch entstandene stabile Gemeinschaft von Menschen, entstanden auf der Grundlage der Gemeinschaft der Sprache, des Territoriums, des Wirtschaftslebens und der sich in der Gemeinschaft der Kultur offenbarenden psychischen Wesensart."[1]

Obwohl demnach die Juden keine Nation wären, da sie weder eine gemeinsame Sprache, noch ein Territorium oder ein gemeinsames Wirtschaftsleben besaßen, scheint hier die sowjetische Führung eine Ausnahme gemacht zu haben, da auch die Nationalität „Jude" in der sowjetischen Verwaltung existierte.

Nach dieser Definition gäbe es also Identifikationsgruppen von Personen, welche keine Nationen wären. Daher müsste man diese Personen anderen Nationen zuordnen, was wenig sinnvoll ist. Zudem ist mehr als fraglich, ob sich mit der Staatsgründung des jüdischen Staates Israel, mit dem die Juden ein eigenes Territorium und Wirtschaftsleben bekamen, der Charakter der Gesamtheit der Juden so radikal änderte, dass sie von einem Tag auf den anderen zur Nation wurden. Daher ist es meiner Meinung nach sinnvoller, nicht die Existenz des Territoriums einer Nation, sondern, wie schon bei der Ethnie diskutiert, die Verbundenheit einer Nation mit einem Territorium zu betrachten. Und diese ist bei den Juden aufgrund der Rolle von Eretz Israel im jüdischen Glauben viel stärker als bei den meisten anderen Nationen.

Somit kann man die Juden durchaus als Nation betrachten, besonders nach der Staatsgründung Israels 1948 sollte es daran keine Zweifel mehr geben.

Doch das Wichtigste ist, dass die Bezeichnung „Volk" und was mit ihr verbunden wird vom Menschen konstruiert wurde und nur ein Modell für das soziale Umfeld von Individuen darstellt. Somit sollte es jeder größeren Gruppe von Menschen, die etwas miteinander verbindet und die gewisse Bedingungen erfüllen, freigestellt werden, sich Volk zu nennen, da der Begriff an sich künstlich ist. Wenn sich die Juden also Volk nennen, und begründen können, warum sie das tun, dann sind sie das auch, denn faktisch definiert sich diese Bezeichnung über sich selbst.

Die Juden sind also eine Ethnie und eine Nation, welche die Mehrheit des Staatsvolkes Israels bildet. Somit bleibt kein Zweifel, dass die Bezeichnung „Volk" für die Gesamtheit der Juden durchaus adäquat ist.

Während es beispielsweise in Russland allgemein bekannt ist, dass die Juden ein Volk sind (es gibt im Russischen sogar zwei verschiedene Wörter, die jeweils die Anhänger der Religion und die Mitglieder des Volkes bezeichnen), findet man in Deutschland selten jemanden, der die jüdische Gemeinschaft für mehr als nur eine religiöse Vereinigung hält. Dies liegt daran, dass sich im 19. Jahrhundert der Antisemitismus ausbildete, der im Gegensatz zum Antijudaismus von einer sogenannten „jüdischen Rasse" sprach. Diese neue Form des Judenhasses führte letztendlich zur Schoah, und nach 1945 wollte man sich von den pseudowissenschaftlichen Ideen des Antisemitismus distanzieren. Daher hat man bis heute Angst, die Juden als Volk zu bezeichnen, da man befürchtet, dass dies als eine Aussage über die „jüdische Rasse" aufgefasst werden könnte.

Es ist wichtig zu wissen, dass Volk und Rasse zwei unterschiedliche Begriffe sind. Es stellt kein Problem dar, die Dinge beim Namen zu nennen und die Juden als Volk zu bezeichnen, alles andere würde die Fakten verschleiern.

Interessant ist, dass durch den Versuch, toleranter zu sein, man in diesem Fall den Juden ihre Identifikation als Volk aberkennt, was, wie so oft in solchen Fällen, genau das Gegenteil der Intention ist. Deshalb denke ich, dass es wichtig ist, gesehen zu haben, warum das jüdische Volk tatsächlich existiert und das wir es als solches nicht nur bezeichnen können, sondern auch sollten.

Nun können wir versuchen, Aussagen darüber zu treffen, wer zu diesem Volk gehört. Erinnern wir uns an den Anfang des Kapitels. Dort wurden drei Kriterien bestimmt, mit denen man die Zugehörigkeit eines Individuums zu einem beliebigen Volk überprüfen kann. Diese sind das juristische, das ethnische und das erbliche Kriterium. Wie wir festgestellt haben, kommt beim jüdischen Volk noch ein viertes, das religiöse Kriterium, hinzu.

Beginnen sollten wir mit letzterem, da es enorme Bedeutung hat. Die Zugehörigkeit zur jüdischen Nation aus religiöser Sicht definiert sich vor allem über die Zugehörigkeit zur jüdischen Glaubensgemeinschaft. Dazu sehen wir uns an, wie sich diese Gemeinschaft und das Verständnis vom jüdischen Volk religionsgeschichtlich gewandelt hat.

Egal ob man die Erzählungen des Tanach für wahr hält oder nicht, werden wir sie im folgenden Abschnitt als Grundlage zur Argumentation benutzen. Denn wenn man die Gründe für die religiösen Regelungen verstehen möchte, muss man sich in die Situation der religiösen Menschen hineinversetzen, die diese Regelungen aufstellten.

Gehen wir in die Zeit der Patriarchen Abraham, Isaak und Jakob zurück. Hier beginnt die biblische Entstehungsgeschichte des jüdischen Volkes. Besonders interessant ist folgender Abschnitt, als Gott Abraham, der als Erzvater des jüdischen Volkes gilt, befiehlt: „Das ist mein Bund zwischen mir und euch samt deinen Nachkommen, den ihr halten sollt: Alles, was männlich ist unter euch, muss beschnitten werden. Am Fleisch eurer Vorhaut müsst ihr euch beschneiden lassen […]. Alle männlichen Kinder bei euch müssen, sobald sie acht Tage alt sind, beschnitten werden.“[2]

Hieraus könnte man schließen, dass nur die beschnittenen männlichen Nachkommen Abrahams sich jüdisch nennen dürfen. Denn Gott sagt explizit, dass die Beschneidung der Ausdruck des Bundes zwischen Ihm und seinem Volk ist. Dieser Bund machte damals im Prinzip das Volk Israel aus, das jüdische Volk definiert sich darüber. Das wäre also eine Möglichkeit der Zugehörigkeitsdefinition zum jüdischen Volk aus religiöser Perspektive.

Nun stellt sich folgende Frage: Wenn Abrahams Nachkommen das jüdische Volk bilden sollten, wer waren dann deren Ehepartner, mit denen sie diese Nachkommen zeugten?

Nur aus den Nachkommen Isaaks, des zweiten Sohnes Abrahams, sollte das Volk Israel entstehen. Isaak zeugte Jakob (Israel) mit seiner Frau Rebekka, die logischerweise nicht zum Volk Israel gehörte, sondern eine Aramäerin war. Auch Jakobs Frauen Lea und Rahel waren Aramäerinnen. Damit liegt es nahe, eine patrilineare Vererbung der Zugehörigkeit zum Volk Israel zu vermuten. In der Torah bestätigt sich dies auch weiter, auch Josef, Mosche und David heirateten Nichtjuden.

Dagegen nennt die Torah im fünften Buch Mose 7,4 den Sohn einer Israelitin und eines Kanaanäers „deinen Sohn", nicht aber umgekehrt. Die Rabbiner zogen hieraus den Schluss, dass das jüdisch-Sein der Mutter eine notwendige Bedingung für einen jüdischen Sohn beziehungsweise eine jüdische Tochter ist. Dies wurde dann in der Mischna, dem Buch der Religionsgesetze des Judentums, deutlich: „In jedem Fall, wo ihre Antrauung mit diesem rechtlich unmöglich ist, aber auch mit jedem anderen nicht gestattet wäre, folgt das Kind ihr. Dies ist der Fall beim Kind einer Sklavin oder einer Nichtjüdin."[3]

Die Aussage ist, dass das Kind einer Nichtjüdin ebenfalls nichtjüdisch ist. Somit muss die Mutter jüdisch sein, damit sich die Volkszugehörigkeit vererbt. Diese Regelung gilt seit dem frühen dritten Jahrhundert unserer Zeitrechnung und ist seitdem fester Bestandteil der Halacha, dem jüdischen Religionsgesetz. Auch in der heutigen jüdischen Tradition ist diese Regelung von großer Bedeutung.

Obwohl in der gesamten Torah diese Regelung keine Anwendung findet und das religiöse Fundament der Regelung diskutabel ist, entschieden sich die Verfasser der Mischna trotzdem für eine solche Abgrenzung. Die Gründe dafür sind vermutlich gesellschaftlicher Natur: Die Rolle des Mannes war es immer, das materielle

Überleben der Familie zu sichern, weshalb größtenteils die Frau den Nachwuchs aufzog. Somit wuchs das Kind mit dem Charakter, den Traditionen und der Religion der Mutter auf, was entscheidend für seine Identifikation ist. In der Diaspora war diese Regelung umso wichtiger, um den Charakter des jüdischen Volkes und vor allem den der Religion zu wahren, weswegen dem Gesetz eine immense Bedeutung zukam.

Damit ergibt sich die religiöse Definition des jüdischen Volkes und seiner Mitglieder: Zum jüdischen Volk gehört derjenige, der eine jüdische Mutter hat oder zum Judentum konvertiert ist. Diese Definition ist auch allgemein bekannt. Allerdings spiegelt sie eher die religiöse Besonderheit der jüdischen Nation wieder.

Als nächstes wollen wir uns dem erblichen Kriterium widmen. Wie schon gesagt stehe ich diesem kritisch gegenüber, da das erbliche Kriterium oft mit der Selbstidentifikation der betroffenen Person nicht übereinstimmt. Besonders beim jüdischen Volk ist es schwierig zu bestimmen, ob eine Person aufgrund ihrer Abstammung dazugehört oder nicht. Denn 2000 Jahre lang war das jüdische Volk in der Diaspora äußeren Einflüssen ausgesetzt, womit die genetische Homogenität stark zu bezweifeln ist. Besonders deutlich wird dies durch das religiöse Kriterium, denn egal wie viele äußere Einflüsse die Person patrilinear besitzt: Sie gilt immer noch als jüdisch, wenn man über die mütterliche Linie wenigstens einen direkten jüdischen Verwandten finden kann. Und das gilt auch, wenn sich diese Person gar nicht als jüdisch betrachtet und mit der jüdischen

Kultur wenig anfangen kann. Das ist ein Nachteil des religiösen und erblichen Kriteriums.

Andererseits stellt sich die grundlegende Frage: Wie groß muss der Mindestanteil der Abstammung von einem bestimmten Volk an der Abstammung einer Person sein, damit auch die Person als Mitglied des Volkes gilt?

Diese Frage ist meiner Meinung nach in dieser Form ebenfalls irrational, da man immer noch keine Aussage über das Zugehörigkeitsgefühl einer Person treffen kann. Deshalb gibt es beim Judentum keinen „Mindestanteil" jüdischer Abstammung.

Dennoch muss man gerade bei der Betrachtung des jüdischen Volkes das erbliche Kriterium berücksichtigen. Viele Menschen jüdischer Abstammung, die säkular und ohne die jüdischen Kultur aufgewachsen sind, fühlen sich trotzdem in irgendeiner Weise mit dem Judentum verbunden. Der Hauptgrund dafür ist vor allem der Antisemitismus, also der Hass auf alles Jüdische, der häufig von der Gesellschaft ausgeht, und der spezielle Charakter des jüdischen Volkes, aber dazu genauer an späterer Stelle.

Das heißt, diese Menschen fühlen sich mit der sozialen Gruppe der Juden verbunden, obwohl sie oft selbst nicht im vollen Maße dazugehören. Eine jüdische Abstammung kann also durchaus ein Indiz dafür sein, dass eine Person zum jüdischen Volk gehört, allerdings würde ich nach der obigen Argumentation die Abstammung trotzdem nicht als zentrales Zugehörigkeitskriterium formulieren. Sie schafft eher die Grundlage für das ethnische Kriterium, welches wir im Folgenden betrachten wollen.

Dem ethnischen Kriterium zufolge kann eine Person einem Volk zugeordnet werden, wenn sich diese mit dem Volk identifiziert und auch kulturell dazugehört. Das heißt, wenn eine Person in der jüdischen Gemeinschaft integriert ist, die Traditionen befolgt und sich auch religiös als Mitglied des Judentums sieht, dann kann die Person der jüdischen Kultur zugeordnet werden. Problematisch ist es hier wieder, Einschränkungen zu treffen: Zum Beispiel, gilt eine Person, die sich selbst als jüdisch betrachtet, aber säkular lebt und nur wenige Traditionen beachtet, noch als Jude?

Ich denke, dies ist eine wichtige Frage, die nicht nur für das Judentum von Bedeutung ist. Insgesamt lässt sich die Tendenz feststellen, dass mit der Globalisierung die Welt säkularer wird und auch weltliche Traditionen der Völker und Kulturen immer mehr an Bedeutung verlieren. Jemand, der beispielsweise keine alten deutschen Traditionen pflegt (was bei den meisten Deutschen der Fall ist), kann sich dennoch guten Gewissens als deutsch bezeichnen. Das liegt daran, dass vor der Globalisierung die Kulturen der Welt nur wenig miteinander vernetzt waren und somit verschiedene Völker auch voneinander unterschiedliche Traditionen ohne fremde Einflüsse entwickelt haben. Je mehr sich allerdings die Kulturen im Laufe der Zeit einander annäherten, desto mehr übernahm man auch nützliche oder interessante Bräuche von anderen Kulturen, und desto weniger unterschieden sich die Völker voneinander.

Ich denke, dass dies ein grundsätzliches Phänomen unserer Zeit ist. Insofern wird es auch immer schwieriger, global vernetzte Individuen aufgrund von kulturellen

Gewohnheiten einer bestimmten Kultur zuzuordnen. Eine andere Frage ist die nach der Selbstidentifikation: Identifiziert sich jemand mit dem jüdischen Volk, so hat er höchstwahrscheinlich auch einen Grund dafür. Dieser kann sowohl kultureller als auch erblicher Natur sein.

Wichtig für die Zugehörigkeit zu einer bestimmten sozialen Gruppe ist natürlich auch, dass die betroffene Person von der Gruppe als Mitglied aufgefasst wird. Das heißt zusammenfassend: Ob eine Person zum jüdischen Volk gehört oder nicht, hängt nach ethnischer Sichtweise davon ab, ob diese Person zum einen sich selbst mit dem Judentum identifiziert und zum anderen, ob diese Person auch vom jüdischen Volk als Mitglied aufgefasst wird.

Wie wir sehen, scheint sich schon eine Kontroverse zwischen dem religiösen und dem ethnischen Kriterium aufzubauen, und noch klarer wird diese bei der juristischen Definition. Letztere spiegelt in diesem Fall die Position des jüdischen Staates, also des Staates Israel, auf die Frage nach dem Judentum wieder.

Da Israel ein multinationaler Staat ist, in dem außer Juden auch Araber und andere Minderheiten leben, geht es uns nicht darum festzustellen, wer Staatsbürger Israels werden kann, sondern wer aufgrund seiner Verbundenheit zum Judentum „ausreichend jüdisch" ist, um nach Israel einwandern zu dürfen. Doch bevor wir das tun, sollten wir zunächst klären, warum Israel eine große Bedeutung bei der Frage nach dem Judentum einer Person hat.

Oft wird behauptet, dass Israel ein „jüdischer Staat" sei. Grundsätzlich ist dem zuzustimmen, doch was unterscheidet einen jüdischen Staat von einem Staat, in dem die Juden die Bevölkerungsmehrheit bilden?

Die gesamte zionistische Bewegung, aus der später der Staat Israel entstehen sollte, richtete sich nach der Idee Theodor Herzls, welcher einen sicheren Staat für Juden schaffen wollte. Diese Motivation kann man daraus entnehmen, dass Herzl in seinem bekanntesten Werk „Der Judenstaat" als Grund für die Errichtung eines solchen die gefährliche Situation der Juden im 19. Jahrhundert, die dem Antisemitismus geschuldet war, anführt.[4] Doch schon der Titel des Buches deutet darauf hin, dass sich Herzl nicht nur einen Staat wünscht, in dem Juden sicher leben können, sondern einen jüdischen Staat, der einen jüdischen Nationalcharakter besitzt und von Juden regiert wird. Dies wird deutlich, wenn gesagt wird: „Man gebe uns die Souveränität eines für unsere gerechten Volksbedürfnisse genügenden Stückes der Erdoberfläche, alles andere werden wir selbst besorgen."[5]

Herzl betont hier, dass das Land „uns", also den Juden, gegeben und die Verwaltung von Juden, also nach jüdischen Prinzipien, organisiert werden soll. Dieser hypothetische Staat würde demnach einen jüdischen Nationalcharakter tragen.

Als am 14. Mai 1948 mit der Unabhängigkeitserklärung Israels Herzls Ideen in die Tat umgesetzt wurden, kam auch im Text der Unabhängigkeitserklärung die Idee des jüdischen Staates unverkennbar zum Vorschein. Im gesamten Text der Deklaration wird auf die Verbundenheit des jüdischen Volkes zu Eretz Israel verwiesen.[6] Das Hauptelement der

Unabhängigkeitserklärung ist diese Verbundenheit. Insofern wurde Israel als jüdischer Staat, also als ein Staat für Juden, gegründet.

Zudem gibt es Gesetze, die diesen Status regeln, am eindeutigsten das sogenannte „Grundlegende Gesetz" oder Nationalstaatsgesetz von 2018 (oft fälschlicherweise als „Grundgesetz" übersetzt, es ist aber beispielsweise mit dem deutschen Grundgesetz nicht vergleichbar). In diesem steht geschrieben: „Die Ausübung des Rechts zur nationalen Selbstbestimmung im Staat Israel ist einzigartig für das jüdische Volk."[7]

Somit können wir die Sichtweise Israels auf die Frage „Wer ist jüdisch?" als juristisches Kriterium betrachten. Wie gesagt geht es uns darum, festzustellen, wer aufgrund seiner Verbundenheit zum Judentum nach Israel einwandern darf. Schon in der Unabhängigkeitserklärung kann man lesen: „Der Staat Israel wird der jüdischen Einwanderung und der Sammlung der Juden im Exil offenstehen."[6] Doch hier ist nicht geklärt, wer als jüdisch gilt. Klarheit über das Einwanderungsrecht verschafft das Rückkehrgesetz von 1950: „Jeder Jude hat das Recht, als Einwanderer in dieses Land zu kommen."[8]

Da nichts anderes erwähnt wurde, fasste man im Folgenden „Jude" der religiösen Definition nach auf. Da es allerdings immer noch Unklarheiten bezüglich der Einwanderung gab, behob man dies 1970, indem zum einen das Wort „Jude" innerhalb dieses Gesetzes definiert wurde: „[...] „Jude" meint eine Person, die von einer jüdischen Mutter geboren wurde oder zum Judentum konvertiert ist und nicht Mitglied einer

28

anderen Religion ist."[9] Zum anderen wurde das Einwanderungsrecht auf bestimmte „nichtjüdische" Personen ausgeweitet: „Die Rechte eines Juden in diesem Gesetz […] werden auch einem Kind und einem Enkel eines Juden, dem Ehepartner eines Juden, dem Ehepartner eines Kindes eines Juden und dem Ehepartner eines Enkels eines Juden zugesprochen, es sei denn, dass die Person jüdisch war und freiwillig ihre Religion geändert hat."[10]

Dieses Gesetz ist in vielerlei Hinsicht interessant. Zum Einwanderungsrecht der Ehepartner kann man sagen, dass vermutlich die Intention davon ist, dass der Ehepartner einen Juden nicht davon abhalten soll, nach Israel einzuwandern. Diese Regelung ist also praktischer Natur.

Was sich allerdings nicht praktisch erklären lässt, ist das Einwanderungsrecht für Nachkommen von Juden, denn diese sind sogar nach der Definition innerhalb desselben Gesetzes nicht jüdisch. Warum also unterstützt dann Israel die Einwanderung von Nichtjuden?

Die meiner Meinung nach einzige plausible Antwort darauf ist, dass der Staat Israel sich mit dem jüdischen Erbe identifizierenden Personen, die formal nichtjüdisch sind, das Recht auf ein Leben im jüdischen Staat gewähren möchte. Außerdem wollte man vermutlich massenhafte Giurim (religiöse Übertritte) von nicht gläubigen, aber aus kultureller Perspektive jüdischen Personen verhindern. Der letzte Satz des zitierten Gesetzesartikels (keine Religionsänderung) regelt, dass auch wirklich mit der jüdischen Kultur verbundene Personen kommen und nicht zu einer anderen Religion übergetretene, also auch kulturell nichtjüdische Menschen.

Aus Perspektive des Staates Israel sind also die patrilinearen Nachkommen von Juden, die außerdem eine jüdische Selbstidentifikation besitzen (sonst hätten diese wenig Motivation für eine potentielle Einwanderung nach Israel), zwar nicht jüdisch, aber irgendwie doch. An dieser Stelle kommt wieder die Kontroverse ins Spiel, die wir zwischen dem religiösen und ethnischen und nun auch dem juristischen Kriterium der Volkszugehörigkeit festgestellt haben.

Es gibt keine genauen Zahlen, wie viele solcher patrilinearen Juden, auch genannt „Vater-Juden", „Halbjuden" oder „nicht-halachische Juden", es insgesamt gibt. Dennoch kann man feststellen, dass es relativ viele sein müssen, da beispielsweise in den letzten Jahren je nach Quelle 54%-86% der Einwanderer nach Israel, die gebrauch vom Rückkehrrecht gemacht haben, nichtjüdisch waren.[11] Es ist eine zentrale Debatte im Judentum, ob diese patrilinearen Juden überhaupt als Juden gelten und welche Rechte ihnen innerhalb der jüdischen Gemeinschaft zustehen. Bevor wir dazu kommen, wie die heutige Situation dieser Personen aussieht, sollten wir erst einmal überlegen, welcher Umgang mit patrilinearen Juden in unserer Zeit sinnvoll wäre.

Einerseits muss das jüdische Volk gerade in unserem globalisierten Zeitalter, in dem auch die Juden nicht mehr in geschlossenen Gemeinden, wie den Schtetelech in Osteuropa, leben, Gesetze und Traditionen wahren, die der Assimilierung entgegenwirken, um die Diaspora, der noch immer die Mehrheit der Juden angehört, zu erhalten. Deshalb muss auch Klarheit darüber herrschen, wer zur Gemeinschaft gehört. Die Mutter ist das Vorbild eines Kindes, was sich auch in der kulturellen Erziehung wiederspiegelt. Somit ist die Wahrscheinlichkeit, dass sich das Kind mit dem Judentum identifiziert, bei gemischten Ehen höher, wenn die Mutter das jüdische Elternteil ist.

Was ebenfalls für die halachische Regelung der Matrilinearität sprechen würde, ist die Erhaltung der Traditionen. Diese Regelung ist ungeachtet ihres praktischen Nutzens fast zwei Jahrtausende alt und ein fester Bestandteil der (orthodoxen) jüdischen Tradition. Zwar hat das Judentum eine ausgeprägte Diskussionskultur, allerdings konnte sich die jüdische Kultur als einzige überlebte Kultur der Antike nicht zuletzt wegen der Wahrung der religiösen Gebote und Prinzipien behaupten.

Bei dieser Diskussion ist es wichtig, zwischen Religion und säkularer Kultur zu unterscheiden: Sprechen wir von der Mitgliedschaft in religiösen Einrichtungen, so wäre es sinnvoll, dass diese nach religiösen Regeln, also hier nach dem Prinzip der Matrilinearität, erfolgen sollte. Das heißt, wenn ein patrilinearer Jude sich mit der Religion des Judentums verbunden fühlt (es geht hierbei im Moment nur um den Glauben), dann kann er einen Giur durchführen und so seinem Wunsch nachkommen. Sprechen wir allerdings von säkularen beziehungsweise nicht auf Religion fokussierten jüdische Gemeinschaften wie zum Beispiel kulturelle Zentren oder zionistische Verbände, dann ergibt diese Regelung eher weniger Sinn.

Es stellt sich nun die Frage, ob man Gemeinden, Organisationen und Veranstaltungen der offiziellen jüdischen Dachverbände (in Deutschland der Zentralrat der Juden) zu den religiösen Einrichtungen zählen sollte. Doch dazu etwas später. Wir wissen nun, was für eine Klärung der Frage nach dem Judentum bei patrilinearen Juden für die religiöse Definition spricht, doch was spricht dagegen?

An erster Stelle muss man sagen, dass in der jüdischen Öffentlichkeit erst seit Beginn des 20. Jahrhunderts über das Mischnatraktat, nach dem die Vererbung der Zugehörigkeit zum jüdischen Volk über die Mutter erfolgt, diskutiert wird. Offensichtlich hat dieses infrage stellen also mit gesellschaftlichen Veränderungen zu tun. Meiner Meinung nach spielen vor allem zwei Faktoren eine wichtige Rolle: Zum einen die allgemeine Veränderung der Rolle der Frau während der industriellen Revolution, zum anderen die wachsende Vernetzung von Juden mit der Gesellschaft außerhalb ihrer Gemeinden.

Während Frauen traditionell in fast allen Kulturen der Erde mit dem Haushalt, also auch der Erziehung der Kinder beschäftigt waren, so schien sich das im 19. Jahrhundert im europäischen Kulturraum ansatzweise zu ändern. Heute haben wir eine mehr oder weniger volle gesellschaftliche Gleichstellung der Geschlechter. Das hat zur Folge, dass auch Frauen am materiellen Erwerb beteiligt sind und Kinder oft vom Vater oder meist von beiden Elternteilen in gleichem Maße aufgezogen werden. Damit ist es durchaus wahrscheinlich geworden, dass sich ein patrilinearer Jude als jüdisch identifiziert.

Somit ist es in diesem Sinne nicht rational, einen solchen patrilinearen Juden nicht als vollwertiges Mitglied der Gemeinschaft zu akzeptieren, da ihn von anderen Juden außer seiner nichtjüdischen Mutter wenig unterscheidet. Was die Vernetzung von Juden mit der „restlichen Welt" betrifft, so kann man dazu Folgendes bemerken: Als das jüdische Volk in Europa separat vom Rest der Bevölkerung gelebt hat, kam es nur in sehr seltenen Fällen zu religiös gemischten Ehen, und selbst wenn es dazu kam, musste meist das jüdische Elternteil konvertieren, womit die Zugehörigkeit des Kindes determiniert war. Erst seit etwa einem Jahrhundert sind Ehen zwischen Personen unterschiedlicher Konfession keine Seltenheit mehr. Dementsprechend wurde die Frage nach den Vater-Juden erst relativ spät interessant. Was ebenfalls für eine vollwertige Aufnahme von patrilinearen Juden in die jüdische Gemeinschaft spricht, ist, dass das jüdische Volk versucht, nicht seine Abstammung von fremden Einflüssen zu bewahren, sondern seine Kultur. Warum dann beispielsweise ein Vater-Jude, der jüdisch aufgewachsen ist und keinerlei Unterschiede zu anderen Juden aufzeigt, nicht als Jude gilt, ist rein rational schwer verständlich.

Es gibt also sowohl für als auch gegen das Mutter-Prinzip gute Argumente. Ein weiterer wichtiger Punkt für die Matrilinearität ist, dass es in großen Städten in ganz Europa und auch in Israel vielfältige Möglichkeiten für eher säkulare patrilineare Juden gibt, ihre Identität auszuleben und etwas für die Gemeinschaft zu tun, beispielsweise durch Kulturzentren oder vom Staat Israel initiierte Programme. Jedoch ist und bleibt die jüdische

Gemeinde das wichtigste Zentrum jüdischen Lebens, in kleineren Städten häufig das einzige. Um eine Antwort darauf zu geben, ob nun die Gemeinden nur religiöse Zentren sind und wie diese mit Vater-Juden umgehen könnten, schauen wir uns die gegenwärtige Situation von patrilinearen Juden am Beispiel von Deutschland an.

Bevor nach dem Zerfall der Sowjetunion etwa 200 000 Kontingentsflüchtlinge jüdischer Herkunft nach Deutschland kamen, hatte Deutschland mit seiner kleinen jüdischen Gemeinde relativ wenig mit dieser Regelung zu tun. Wer in der Gemeinde war, war Jude, und so gut wie alle Juden waren auch in der Gemeinde. Erst mit der sowjetischen Einwanderung, mit der auch ein sehr hoher Anteil patrilinearer Juden nach Deutschland kam, stellte sich zunehmend die Frage, ob man diese sowjetischen Einwanderer in die Gemeinden aufnehmen sollte.

Als Kontingentsflüchtling kam auch Nastia im Alter von 12 Jahren nach Deutschland. Ihr Großvater mütterlicherseits ist jüdisch, somit wurde sowohl ihre Mutter als auch sie als halachisch nichtjüdisch angesehen. Heute arbeitet Nastia für die Jewish Agency. Sie berichtet über ihre Erfahrungen: „Ich bin in einer Familie aufgewachsen, von der ich nichts Genaueres über die religiöse Zugehörigkeit wusste. Es war um mich herum ganz viel Christentum präsent, aber in meiner Familie war das sehr wenig bis gar nicht da. Dass wir das bei uns zuhause nicht leben, wurde immer schwammig mit Kommunismus und Atheismus und dass wir damit einfach nichts am Hut haben begründet. Und dann hieß es, dass wir nach Deutschland fahren, weil wir jüdisch sind. Ich wusste allerdings immer

34

noch nicht genau was das heißt. Ich wurde sehr oft von meinen Großeltern betreut, bin also jüdisch aufgewachsen, ohne es zu wissen. Ich bin zwar weniger religiös, aber ganz klar kulturell jüdisch aufgewachsen. Erst in Deutschland habe ich erfahren, was das Wort „jüdisch" eigentlich bedeutet, doch dann hieß es auch ganz schnell, dass ich nach der Definition der jüdischen Gemeinde in Deutschland nicht jüdisch bin. Das war eine sehr konfuse Situation, da ich gerade erst meine Identität erlangt habe, aber dann erfuhr, dass ich formal nicht in diese Gemeinschaft reinpasse. Für meine Mutter war das noch deutlich schmerzhafter, da sie ihr ganzes Leben lang jüdisch gelebt hat."

Dass jüdische Familien in der Sowjetunion ihre Identität verbergen mussten, ist kein Einzelfall. Nicht zuletzt kamen viele sowjetische Juden aufgrund des hohen Antisemitismus in der Sowjetunion nach Deutschland, um dann feststellen zu müssen, dass sie von den jüdischen Gemeinden abgestoßen werden. Doch wie war die Regelung für patrilineare Juden in Russland?

„In Russland bedeutete jüdisch sein nicht nach dem religiösen Gesetz jüdisch zu sein, sondern es war vor allem eine Nationalität, die häufig auch väterlicherseits weitergegeben wurde."

Das heißt, für die meisten patrilinearen Juden, die nach Deutschland kamen, stand es außer Frage, dass sie jüdisch waren. Deshalb war es für viele ein Schock, nicht in die Gemeinden aufgenommen zu werden. Nastia sagt dazu:

„Auch für meine Mutter, die in einem komplett jüdischen Haushalt großgeworden ist, war es ein Schock zu hören, dass sie nicht dazugehört, und das auf eine sehr unfreundliche Art und Weise von einem Rabbiner. Als sie fragte, wie sie ihren Status „wiederherstellen" kann, wurde ihr wieder sehr unfreundlich kommuniziert, dass sie zwar zum Judentum übertreten kann, aber es sei zu lang, zu aufwendig und in Deutschland so gut wie unmöglich und dass es kein Interesse gibt ihr zu helfen. Das hatte auch die Auswirkung, dass ich keine Möglichkeit hatte zu den jüdischen Ferienfreizeiten zu fahren. Das Schlimmste zu dem Zeitpunkt war die Gleichgültigkeit, die uns vom Rabbinat entgegenkam. Die Lübecker Gemeinde selbst war allerdings sehr herzlich, da wir auch bei weitem nicht die einzigen mit diesem Problem waren. Die Lübecker Gemeindeverwaltung musste also einen Spagat zwischen den Formalitäten des Zentralrats und der ZWST (Zentralwohlfahrtsstelle der Juden in Deutschland) und der Hilfe und Unterstützung für die Menschen, die gerade neu angekommen waren, um die Gemeinde aufzubauen, machen. Das heißt, dass ich trotzdem am Gemeindeleben teilnehmen konnte, da sich die Gemeinde dazu entschlossen hat, inklusiv zu wirken und zu schauen, wie auch Kinder, die halachisch nichtjüdisch waren, jüdische Bildung bekommen können und an der Gemeinschaft teilhaben können."

Um also auf die Frage zurückzukommen, ob eine jüdische Gemeinde ein rein religiöses Zentrum ist: Nein, die Gemeinde ist Zentrum der Kultur des jüdischen Volkes, ein Ort, wo man sich zusammenfindet und die eigene Kultur und auch Religion lebt. Die Jugendzentren der Gemeinden sind an sich normale Freizeitzentren für die jüdische Jugend, haben an sich also wenig mit Religion zu tun. Trotzdem sind die meisten Gemeinden in Deutschland, wie auch in der ganzen Welt, orthodox. Da außerdem der orthodox orientierte Zentralrat die anerkannte Vertretung der Juden in Deutschland ist, sind die Regeln des Zentralrats für die Gemeinden bindend. Und dieser handelt nach religiösem Recht. Deshalb konnte Nastia, wie auch alle anderen patrilinearen Juden in Deutschland, an vielen Veranstaltungen der ZWST, wie zum Beispiel den Ferienlagern, nicht teilnehmen. Damit grenzt der Zentralrat einen sehr großen Teil der deutschen Juden aus den Gemeinden und vielen Aspekten des jüdischen Lebens aus, basierend auf einer betonend religiösen Regelung.

„Ich habe das Gefühl, die halachische Zugehörigkeit wird häufig als Formalität in Bereichen genommen, die keine religiöse Komponente haben. Es gibt Bildungsangebote, da denkt man: Warum ist es gerade so wichtig, dass alle halachisch jüdisch sind? Es wird häufig als Kriterium genommen und gesagt: Das ist die Halacha, das ist unser Gesetz. Das Problem dabei ist, dass der Rest nach nichtreligiösen Kriterien gemacht wird, und insofern ist die Frage, warum dann auch nicht nur ein jüdisches Elternteil ausreicht."

Auch ich denke, dass Regeln nicht über ihren ursprünglichen Bereich hinaus angewendet werden sollten. Wenn es tatsächlich religiöse Veranstaltungen gibt, bei denen es wichtig ist, dass alles nach der Halacha abgestimmt ist, und somit auch nur matrilineare Juden teilnehmen dürfen, dann ist meiner Meinung nach die Anwendung dieses Gesetzes passend und sinnvoll. Wenn man allerdings von der allgemeinen Mitgliedschaft in

Gemeinden spricht, so wäre es sinnvoll, diese auch nicht-halachischen Juden zu gewähren, die sich mit dem Judentum identifizieren. Doch in liberalen Gemeinden und im Reformjudentum werden bereits alle Juden mit mindestens einem jüdischen Elternteil als gleich- und vollwertige Mitglieder der Gemeinde behandelt. Wäre es also eine Möglichkeit für patrilineare Juden, in solchen Gemeinden Mitglied zu werden?

„Grundsätzlich schon, allerdings sollten alle Gemeinden offener für Menschen sein, die ihre jüdische Identität ausleben wollen. Und wenn sich diese Menschen entscheiden, das auf eine orthodoxe Art und Weise zu tun, dann soll es ihnen auch ermöglicht werden. Und das nicht nur in Berlin, München und Frankfurt, sondern auch beispielsweise in Lübeck."

Dies ist ebenfalls eine Problematik, die oft übersehen wird: Eine Person, die ihr ganzes Leben lang orthodox gelebt und alle Mitzwot beachtet hat, kann also nicht Mitglied der orthodoxen Gemeinde werden, da beispielsweise die Mutter nicht jüdisch ist. Möglich wäre ein Giur, aber dieser nimmt viel Zeit in Anspruch, in der Regel etwa zwei Jahre, im Fall von Nastia aber sogar fast 20 Jahre.

„Der Übertritt war bei mir mit einer kompletten Lebensumstellung verbunden. Beispielsweise war das nur mit einer Migration innerhalb Deutschlands oder jenseits davon möglich. Ich denke, dass der Giur für patrilineare Juden erleichtert werden sollte. Außerdem glaube ich, dass bei weitem nicht alle patrilinearen Juden einen Übertritt machen möchten, weil sie denken: Wozu, ich bin jüdisch und ich bin nicht religiös. Es besteht also

oft überhaupt kein Bedarf. Und dennoch gibt es Menschen, die diesen Bedarf gespürt haben und auf eine wirklich krasse Art und Weise abgewiesen worden sind."
Was außerdem unlogisch erscheint, ist der Fakt, dass viele Mitglieder, oft sogar die Mehrheit der „offiziellen" orthodoxen Gemeinden säkular leben. Warum sollte dann ein säkularer patrilinearer Jude einen Giur durchführen, bei dem die Einhaltung der Mitzwot und ein religiöses Leben gefordert wird, nur um Mitglied der Gemeinde zu werden?
Einen Schritt in die Richtung, dass man patrilinearen Juden den Übertritt ins Judentum erleichtert, macht das Projekt „Machon le-Giur", welches unter anderem vom Zentralrat unterstützt wird. Dabei geht es vor allem darum, Vater-Juden aus der ehemaligen Sowjetunion, die sich als jüdisch identifizieren, durch fünf Seminare einen etwas leichteren Giur zu ermöglichen. Allerdings weist auch dieses Projekt Probleme auf: Obwohl der Zentralrat den Giur anerkennt, tut es das israelische Oberrabbinat beispielsweise nicht.
Auf die Frage, warum das Projekt nicht schon vor 20 Jahren mit der Ankunft der Kontingentsflüchtlinge ins Leben gerufen wurde, antwortet die Berliner Rabbinerin Gesa Ederberg: „Ja, man hätte diese Menschen vor 20 Jahren erreichen sollen. Es hat damals einfach niemand gemacht."[12]
Auch Nastia sagt: „Ich kann mich sehr gut daran erinnern, dass als ich als Jugendzentrumsleiterin Menschen, Familien und Jugendliche angerufen habe und sie eingeladen habe, in die Gemeinde zu kommen, ich von ihnen gehört habe „Mit euch wollen wir nichts zu tun

haben, ruft mich nie wieder an", weil sie einfach sehr unangenehm behandelt wurden. Es wird immer wieder gesagt, dass diese Aufnahme nicht so hätte erfolgen sollen, und doch passiert es auch heute immer und immer wieder. Das heißt wir reden darüber, wie furchtbar es damals war, ohne es jetzt irgendwie zu verändern."

Deshalb gibt es auch immer mehr andere, nichtreligiöse Kulturangebote, die häufig auch vom Staat Israel und der Jewish Agency unterstützt werden.

„Ich habe in Israel gesehen, wie unterschiedlich die jüdische Identität verstanden werden kann. Diese Pluralität war eine Chance, die wir in Deutschland verpasst haben. Wir als Jewish Agency sind dabei, das aufzuarbeiten und die Menschen, die von der Gemeinde abgestoßen wurden, wieder einzufangen und gemeinsam Räume der jüdischen Identität zu erschließen."

Diese unterschiedlichen Aufgaben und Ziele der Organisationen des Zentralrats und der der Jewish Agency führen letztendlich dazu, dass es in Deutschland zwei verschiedene Gruppen von Projekten gibt: Die der ZWST und die von Israel unterstützten. Diese haben oft wenig Kooperation miteinander, häufig auch der unterschiedlichen Wahrnehmung von patrilinearen Juden geschuldet.

Patrilineare Juden leisten oft große und wichtige Beiträge zum Judentum, eben weil sie sich aufgrund ihres unklaren Statuses dazu verpflichtet fühlen. Die sowjetischen Juden, von denen ein großer Teil patrilinear war, haben beispielsweise sehr viel zum Wohlergehen des Staates Israel beigetragen. Daher denke ich, dass es sehr provokant ist, wenn der Oberrabbiner Israels Yitzhak

Yosef über patrilineare sowjetische Juden sagt: „Es gibt viele, viele Nichtjuden hier, einige davon sind Kommunisten, Feinde der Religion, die die Religion hassen."[13] Das ist schon einmal faktisch nicht richtig, da sich die Einwanderer hauptsächlich aufgrund ihrer jüdischen Identität für die Alija (Auswanderung nach Israel) entschieden haben. Zum anderen kommt Yosef mit dieser Aussage seiner Aufgabe als Rabbiner nicht nach, die jüdische Gemeinschaft zusammenzuhalten.

Insgesamt können wir auf die Frage „Wer ist Jude?" natürlich nach wie vor keine Antwort geben. Allerdings können wir sagen, dass patrilineare Juden, wenn sie sich als Juden identifizieren, von der jüdischen Gemeinschaft so wahrgenommen werden sollten. In Bezug auf die Frage, ob die Regelung der Halacha veraltet ist, möchte ich kein Urteil treffen. In jedem Fall ist sie eine religiöse Vorschrift, die respektiert werden sollte. Aber es ist eben eine religiöse Vorschrift, das heißt man sollte sie nicht auf soziale, kulturelle oder politische Bereiche ausweiten, wie es heute leider üblich ist. Eindeutige Diskriminierung wie in Nastias Fall sollte vermieden werden. Denn jüdische Gemeinden sind mehr als nur religiöse Vereine, es sind Zentren des jüdischen Lebens für alle Juden.

Eine mögliche Lösung des Problems wäre, den Giur für patrilineare Juden soweit zu erleichtern, dass dieser ohne größere Probleme möglich ist. Zudem sollte es meiner Meinung nach patrilinearen Juden gestattet werden, auch ohne Giur am aktiven Gemeindeleben teilnehmen zu können, mit Ausnahme von rein religiösen Veranstaltungen, bei denen die Halacha befolgt werden muss. Eine solche Regelung würde formal im Einklang mit den religiösen Gesetzen sein und trotzdem patrilineare Juden als vollwertige Mitglieder des jüdischen Volkes anerkennen. Denn es ist keine Lösung, der Hälfte der sich als jüdisch identifizierenden Menschen die Volkszugehörigkeit abzuerkennen. Meiner Meinung nach muss das jüdische Volk in Betracht der Gefahren und seiner Feinde zusammenhalten, um seinen Charakter zu bewahren und weiterhin überleben zu können.

Ich denke, dass dieses Mischnatraktat die jüdische Öffentlichkeit spaltet, da seine Bedeutung über alle anderen Regeln der Halacha gestellt wird, wozu sich keine Berechtigung findet.

Das religiöse Kriterium ist ein Bestandteil der Religion und sollte auch als solches betrachtet werden. Denn das jüdische Volk ist eine Schicksalsgemeinschaft, zu der man, selbst wenn nur der Vater jüdisch ist, irgendwie doch dazugehört.

2. Modernität der Tradition: Aktuelle Strömungen

„Zwei Juden – Drei Meinungen"

-Sprichwort

SPRICHT MAN HEUTE über „das Judentum", so wird man schnell feststellen, dass es das eigentlich gar nicht gibt. Gemeint ist, dass das Judentum und das jüdische Volk keine homogenen sozialen Strukturen sind. Im Gegenteil: Das Judentum weist eine Vielzahl an religiösen, sozialen und politisch-ideologischen Strömungen auf.

Redet man von den religiösen Strömungen, so ist dabei aber zu betonen, dass die Lebensweise der Anhänger verschiedener Strömungen zwar sehr unterschiedlich sein kann, die religiösen Praktiken aber an sich wenig voneinander abweichen. Man kann die jüdischen Strömungen also nicht mit den christlichen Konfessionen vergleichen, deren Traditionen teilweise große Unterschiede zueinander aufweisen. Zudem sehen sich zwei Mitglieder verschiedener christlicher Konfessionen nicht als Teil einer gemeinsamen sozialen Struktur, was beim Judentum allerdings der Fall ist. Um besser verstehen zu können, was die unterschiedlichen Strömungen des Judentums unterscheidet und miteinander verbindet, wollen wir den Vergleich mit den christlichen Konfessionen näher beleuchten.

Die christlichen Konfessionen des Protestantismus, des Katholizismus und der Orthodoxie weisen erhebliche Unterschiede im Verständnis ihres Glaubens und auch in der Rolle der kirchlichen Institutionen auf. Am wichtigsten ist jedoch, dass diese Konfessionen nicht nur keine gemeinsame Leitung beziehungsweise übergeordnete Organisation haben, sondern sich einander nicht wirklich zugehörig fühlen, eher im Gegenteil. Somit ist die Spaltung des Christentums immens.

Im Judentum dagegen ist das religiöse Verständnis der Schriften weitestgehend gleich, da dieses auf dem Talmud basiert. Was die einzelnen Strömungen unterscheidet, sind meistens Formalitäten und die Rolle, welche die Religion im Leben der Mitglieder einnimmt. Was allerdings alle vereint ist die Zugehörigkeit zum jüdischen Volk, eine sehr wichtige Gemeinsamkeit. Im Folgenden wollen wir uns ansehen, welche Strömungen im Judentum gegenwärtig bedeutsam sind.

Grob lassen sich die Strömungen und damit auch die religiöse Identität der Juden in vier große Gruppen aufteilen: Das orthodoxe Judentum, das konservative Judentum, das liberale oder Reformjudentum und der Säkularismus. Nach der Zugehörigkeit zu diesen Gruppen werden meistens Umfrage erstellt und auch viele Veröffentlichungen nutzen diese Klassifizierung. Allerdings werden wir sehen, dass es auch innerhalb dieser Gruppen wenig Homogenität gibt, sondern viele verschiedene Lebensweisen.

Das orthodoxe Judentum

Das Wort „Orthodoxie" kommt aus dem Griechischen und bedeutet „richtiger Glaube". In Bezug auf Religionen wird damit eine strenggläubige beziehungsweise traditionelle Lebensweise verbunden. Im Judentum bedeutet orthodox zu sein vor allem, die 613 Mitzwot zu befolgen, halachischer Observant zu sein und die Auslegung der Torah und andere Traditionen nicht zu verändern. Grundlage für die Halacha bildet meistens das Werk Schulchan Aruch aus dem 16. Jahrhundert als Zusammenfassung der religiösen Regeln.

Im Besonderen bedeutet das, dass orthodoxe Juden den Schabbat als Ruhetag einhalten, eine Kopfbedeckung tragen (Männer eine Kippah und Frauen in der Öffentlichkeit etwas, um ihre Haare zu verdecken) und oft an Gottesdiensten teilnehmen. Grundlage für einen orthodoxen Lebensstil ist also der Glaube an Gott, was auch eine Mitzwa darstellt.

Innerhalb des orthodoxen Judentums gibt es zwei große Gruppen, zwischen denen die Abgrenzung aber ebenfalls schwammig ist: Das ultraorthodoxe Judentum und modern-orthodoxe Judentum. Die ultraorthodoxen Juden, auch Haredim genannt, sind eine Gruppe, die nur die Religion und Gott als Sinn des Lebens ansieht und deren Wirken allein auf die Religion beschränkt ist. Die Ultraorthodoxie entstand als betont eigenständige Gruppe erst im 18. und 19. Jahrhundert als Gegenpart zur Haskalah, welche eine Säkularisierungs- und Aufklärungsbewegung innerhalb des Judentums war, zu der auch Moses Mendelssohn zählte. Man wollte die eigene Religion nicht aufgeben und nicht assimiliert werden, weshalb man sich deutlich zu den Ideen der Haskalah abgrenzte.

Als „Ultraorthodoxe", welche selbst diese Bezeichnung ablehnen, bezeichnet man also traditionelle strenggläubige Juden. Wer nur als orthodox und wer als ultraorthodox gilt, ist Definitionssache. Allerdings haben Ultraorthodoxe oft eigene Kleidung, es werden schwarze Anzüge und Hüte getragen, zu Feiertagen oft auch Pelzhüte. Der Sinn davon ist es, sich vom oft säkularen Rest der Welt abzugrenzen und somit auch die eigene Gemeinschaft zu vereinheitlichen. Diese aschkenasische Tradition kommt aus den Schtetelech Osteuropas.

Auch innerhalb der Ultraorthodoxie unterscheidet man wiederum zwei große Gruppen: Die Chassidim und die Mitnagdim. Die Chassidim bildeten sich als eigene religiöse Bewegung um etwa 1740 heraus. Als Gründer der Bewegung gilt Israel ben Elieser „Baal Schem Tov", der in der heutigen Westukraine lebte. Als der Chassidismus eine Neuerscheinung war, galt dieser als liberal und revolutionär, da sich die Lehre stärker auf die individuelle Verbindung zu Gott als auf die Deutung von Schriften fokussierte. Der Chassidismus basiert auf der Idee, dass man jegliche Art von Freude in spirituelle Gefühle umwandeln könne. So sei es möglich, durch Freude die individuelle Verbindung zu Gott zu stärken. Der wahre Glaube an Gott sei zudem wichtiger als die Lehre der religiösen Regeln.

Schnell fand die neue Bewegung starken Zulauf in ganz Osteuropa, und mit der später einsetzenden Auswanderung nach Eretz Israel und Amerika wurde sie in der ganzen Welt präsent. Die neuartige Bewegung stieß aber auch auf Widerstand: Dem Chassidismus wurde vorgeworfen, dass der Bildung zu wenig Aufmerksamkeit geschenkt werde und man sich stattdessen zu einer „religiösen Ekstase" verleiten lasse. Zudem wurde die Bewegung häufig als Sekte bezeichnet, da einige chassidische Gemeinden bis heute eine starke vertikale Hierarchie aufweisen.

Der bekannteste Ablehner des Chassidismus war Elijah ben Salomon Salman, genannt der Gaon von Wilna. Er war ein wichtiger jüdischer Gelehrter, welcher großen Wert auf die wortgetreue und rationale Auslegung der Schriften legte. Ihm waren die Ideen Baal Schem Tovs, die er als gefährlich ansah, fremd. Daher traf er für die litauischen jüdischen Gemeinden, die in seinem Einfluss standen, Maßnahmen, um der Verbreitung des Chassidismus entgegenzuwirken. Beispielsweise wurde die Heirat mit Chassidim verboten und Fleisch, welches von Chassidim geschächtet wurde, für nicht koscher erklärt. Das hatte zur Folge, dass sich eine Gegenbewegung zum Chassidismus, die sogenannten Mitnagdim (hebräisch für Gegner), herausbildete. Diese Bewegung wird in Anlehnung an ihren Ursprungsort auch als Judentum litauischer Prägung bezeichnet. Allerdings währte diese extreme Feindschaft nur bis zum Aufkommen der Haskalah, welcher beide Bewegungen kritisch gegenüberstanden.

Kommen wir aber noch einmal zum Chassidismus zurück. Die Idee des Chassidismus war im 18. Jahrhundert revolutionär. Doch wie sieht es heute aus?

Es gibt heute verschiedene chassidische Gemeinschaften, die sich auf die Ideen ihrer Gründer, jüdischer Gelehrter aus dem 18. und 19. Jahrhundert, berufen. Am präsentesten und bekanntesten ist die Chabad-Lubawitsch Bewegung, obwohl sie der Anhängerzahl nach nicht die größte ist. Das liegt daran, dass die Lubawitscher innerhalb des Judentums missionieren, also versuchen, Juden für ihre Ideen zu begeistern. Konkret bedeutet das, dass die Bewegung zahlreiche Gesandte in verschiedene Städte und jüdische Gemeinden schickt, um dort Bildungs- und Kulturangebote aufzubauen. Das hat dazu geführt, dass es heute in so gut wie allen für das jüdische Leben mehr oder weniger wichtigen Städten Schulen, Kulturzentren und Synagogen von Chabad gibt.

Die Lubawitscher führen ihre Lehre auf Schneur Salman zurück. Während der Schoah wurde auch die Chabad-Bewegung fast ausgelöscht, bis Rabbi Menachem Mendel Schneerson die Führung übernahm und sie wieder präsent machte. Er setzte sich zudem allgemein sehr stark für Bildung ein. Ein wichtiger Streitpunkt in der heutigen Chabad-Lubawitsch Bewegung ist, dass nach Schneersons Tod 1994 ihn einige Mitglieder der Bewegung für den Messias erklärten. Auch heute ist diese messianische Bewegung innerhalb von Chabad nicht zu übersehen. Aus Sicht der jüdischen Religion ist das sehr problematisch, auch das israelische Oberrabbinat hat sich davon distanziert.

Ein weiteres gegenwärtig interessantes Phänomen ist der chassidische Kult um Rabbi Nachman. Er gründete die Bewegung der Breslower Chassidim. 1811 wurde erstmals behauptet, dass das Grab von Rabbi Nachman in der Stadt Uman in der Ukraine „heilsam" wirken soll. Seitdem ist es bei vielen Chassidim Tradition, an Rosch Haschana nach Uman zu Nachmans Grab zu pilgern. In den letzten Jahren kamen zehntausende Gläubige jährlich.

Wir wissen nun, was die Haredim ausmacht. Nun wollen wir die zweite große Strömung innerhalb der Orthodoxie, das modern-orthodoxe Judentum, betrachten. Schon äußerlich lassen sich Unterschiede feststellen: Während sich die Ultraorthodoxen sehr traditionell kleiden, sind modern-orthodoxe bis auf Kippah und Zizit bei Männern nicht von säkularen Personen zu unterscheiden. Wie der Name schon sagt führen modern-orthodoxe Juden eine modernere Lebensweise und üben oft auch nichtreligiöse Berufe aus. Trotzdem befolgen sie die Halacha und die Mitzwot.

Der Gebrauch des Begriffes „orthodox" ist unterschiedlich in Bezug auf Personen und Gemeinden. In Bezug auf Personen bedeutet er, wie gesagt, „strenggläubig". In Bezug auf Gemeinden bedeutet er dagegen nicht, dass alle Mitglieder einer orthodoxen Gemeinde auch wirklich orthodox leben. Spricht man von einer orthodoxen jüdischen Gemeinde, so meint man damit nur, dass die Rabbiner orthodox sind und sich die Gottesdienste an orthodoxen Regeln orientieren. Die Gemeindemitglieder können dagegen durchaus auch säkular sein.

Ein weiterer wichtiger Teil der Lehre der einzelnen Strömungen innerhalb der jüdischen Orthodoxie ist die Sichtweise auf den Staat Israel und auf einen jüdischen Staat im Allgemeinen. Es lässt sich insgesamt eine starke

Bipolarität feststellen: Während sich unter den Haredim radikale Ablehner des Staates Israel finden, gibt es sowohl im ultra- als auch im modern-orthodoxen Umfeld viele Unterstützer des Zionismus mit teilweise radikalen Lösungsvorschlägen für den Nahostkonflikt. Doch womit ist diese Disparität zu begründen?

Zunächst kann man feststellen, dass der Zionismus an sich keine religiöse Strömung, sondern eine soziale und politische Ideologie ist. Daher wäre es ein Fehler anzunehmen, dass bestimmte religiöse Gruppen Meinungen dazu besitzen. Sprechen wir über orthodoxe Vertreter des Zionismus, ist dieser mit einer religiösen Motivation verbunden, was allerdings an der Idee des jüdischen Staates selbst wenig ändert.

Die wohl am extremsten gegen den Staat Israel ausgerichteten Juden sind die Mitglieder der Organisation Neturei Karta (aramäisch: Wächter der Stadt). Diese ist eine ultraorthodoxe Splittergruppe, die den Mitnagdim zugeordnet wird. Nach Ansicht der Organisation sei es dem jüdischen Volk nicht gestattet, die Phase der Diaspora vor der Ankunft des Messias eigenständig zu beenden. Das meinen die Mitglieder von Neturei Karta in irgendeiner Weise aus der Torah herauslesen zu können, obwohl selbst in der offiziellen Begründung der Ablehnung des Staates Israel keine Zitate oder konkrete Belege zu finden sind.[14] Dagegen findet sich jedoch die folgende Argumentation: „Die einzige Zeit, in der das Volk Israel einen eigenen Staat besitzen durfte war vor 2000 Jahren, als die Herrlichkeit des Schöpfers mit uns war, und wahrscheinlich wird in der Zukunft, wenn die Herrlichkeit des Schöpfers sich noch einmal zeigt, und die ganze Welt Ihm dienen wird, Er selbst (ohne jegliches menschliches Bemühen oder Waffengewalt) uns ein Königreich geben, welches für den Dienst Gottes bestehen wird."[14]

Die Logik dessen ist diskutabel. Was allerdings nicht diskutabel ist, sind die gefährlichen Tendenzen von Neturei Karta: Dadurch, dass sich die Bewegung die Opposition zum Zionismus faktisch zur einzigen Aufgabe gemacht hat, wird keinen Wert darauf gelegt, die Mittel zum „Kampf" gegen Israel zu hinterfragen. Das hat zur Folge, dass Neturei-Karta-Aktivisten häufig mit bekannten Antisemiten zusammenarbeiten und Israelhassern in die Hände spielen, da sie als Juden gegen Israel agitieren. Vertreter der Organisation nahmen beispielsweise an der Holocaustleugner-Konferenz 2006 in Teheran teil und sind auch jedes Jahr bei der antisemitischen Berliner „Al-Quds-Demo" zu sehen. Neturei Karta geht so weit mit ihrem Antizionismus, dass sie nicht nur Israel, sondern auch dem jüdischen Volk erheblichen Schaden zufügt. Die Bewegung wird selbst in haredischen Gemeinschaften nicht toleriert und im Judentum als eine sehr kleine Gruppierung verachtet, was meiner Meinung nach ersichtliche Gründe hat.

Allerdings gibt es weitere religiöse Gemeinschaften, die eine antizionistische Position einnehmen. Beispielsweise gibt es das Jerusalemer Viertel Mea Schearim, in dem besonders fromme Ultraorthodoxe leben. Dort ist die Alltagssprache Jiddisch, da das Hebräische als die Sprache Gottes angesehen und nur für religiöse Zwecke benutzt wird. Die Bevölkerungsmehrheit des Viertels steht aus ähnlichen religiösen Gründen wie Neturei Karta in

Opposition zum Staat Israel. In Israel dienen sie nicht in der Armee.

Doch das tun auch zionistische Haredim nicht, jedoch aus anderen Gründen: In der Armee komme man von der traditionellen religiösen Lebensweise ab. Allerdings sollten meiner Meinung nach alle Bürger des Staates Israel die gleichen Pflichten haben, zu denen auch der Wehrdienst gehört. Es gibt in der israelischen Armee auch mehrere Bataillone, in denen ausschließlich haredische Männer beziehungsweise Frauen getrennt voneinander ihren Wehrdienst leisten, in Einklang mit allen traditionellen Geboten. Daher sollte es für die Haredim, die den Staat Israel unterstützen, kein Problem sein, im Militär zu dienen, was viele tatsächlich auch tun.

Schwieriger ist die Frage bei antizionistischen Ultraorthodoxen. Einerseits sollten sie, wie alle anderen Israelis auch, dem Militärdienst nachkommen, was gerecht wäre, andererseits kann man sich ihrer Zuverlässigkeit nicht sicher sein. Dennoch denke ich, dass auch für die Haredim keine Ausnahme gemacht werden sollte, da es nicht gerecht ist, dass alle anderen Bürger einen Beitrag zur Sicherheit der haredischen Gemeinden leisten, nicht aber umgekehrt. Daher sollte Unzuverlässigkeit wie bei allen anderen Soldaten bestraft werden.

Die Mehrheit der Orthodoxen ist jedoch auf der Seite des Staates Israel. Besonders unter den modern-orthodoxen ist die Ansicht vertreten, dass der Messias nur dann kommen könne, wenn ganz Eretz Israel unter der Herrschaft des jüdischen Volkes steht. Deswegen gibt es in den jüdischen Dörfern Judäas und Samarias viele

Orthodoxe, die aus religiösen Überzeugungen dort hinziehen, da sie meinen, so die Ankunft des Messias beschleunigen zu können.

Aber auch viele Haredim haben sich mit dem Staat Israel abgefunden und unterstützen ihn auch. Es gibt in Israel religiöse Parteien, die großen Einfluss in der Politik haben, beispielsweise das „Vereinigte Torah-Judentum", welches größtenteils die religiösen aschkenasischen Juden vertritt, und die „Schas", welche eher sephardisch geprägt ist. Ziel dieser Parteien ist es, so viele religiöse Elemente wie möglich in den Gesetzen des Staates Israel zu verankern. Das wird auf eine demokratische Art und Weise getan und ist insofern legitim, schließlich bilden diese Parteien die Vertretung der Haredim in der Knesset, dem israelischen Parlament.

Außerdem gibt es nicht nur die Unterstützung des Großteils der Orthodoxen für Israel, sondern auch umgekehrt: Das israelische Rabbinat ist orthodox und nur orthodoxe Rabbiner können Aufgaben in staatlichen religiösen Institutionen wie zum Beispiel den rabbinischen Gerichten, welche in Israel das Familienrecht für Juden bestimmen, übernehmen. Das heißt im Umkehrschluss, dass der Staat Israel nur das orthodoxe Judentum für religiöse Angelegenheiten anerkennt (auch wenn seit einigen Jahren auch konservative Rabbiner in weniger wichtigen Bereichen der Verwaltung tätig sein dürfen). Auch in anderen Ländern werden häufig nur orthodoxe Gemeinden anerkannt. Damit stellt sich die Frage, wie sinnvoll es ist, nur die Orthodoxie hervorzuheben und weitere wichtige jüdische Strömungen zu vernachlässigen. Dazu wollen wir uns einige Fallbeispiele ansehen.

Eine Frage mit großer Bedeutung ist die nach der Aufsicht über die Klagemauer in der Jerusalemer Altstadt. Seit etwa 30 Jahren gibt es Bestrebungen, welche „gleiche Rechte" für Frauen an der Klagemauer fordern. Man möchte zudem, dass auch Anhänger des Reformjudentums an der Klagemauer gleichberechtigt mit den Orthodoxen beten dürfen. Das bedeutet, die Bestrebungen gehen dahin, dass Frauen und Männer gemeinsam beten, Frauen rituelle Gebetskleidung, die traditionell den Männern vorbehalten ist, tragen und aus der Torah lesen dürfen sollen. Die heutige Situation ist, dass sich die Klagemauer in orthodoxen Händen befindet. Es gibt zwei nach Geschlechtern getrennte Gebetsbereiche und die Gebetsordnung folgt den Regeln der Halacha.

Wichtig ist hierbei, dass reformistische oder feministische Organisationen wie die „Women of the Wall" nicht nur einen Platz an der Klagemauer wollen, sondern eine komplette Gleichberechtigung unter allen Strömungen. Man spricht zudem von einer „Befreiung" der heiligen Stätte. Das stößt bei den orthodoxen Juden auf Widerstand, da dies ihrer Meinung nach nicht mit der jüdischen Tradition und den religiösen Regeln vereinbar sei. Auch die offizielle Position der israelischen Regierung ist ablehnend.

Immer wieder wird gegen die bestehende Ordnung verstoßen, indem Frauen monatliche Gottesdienste mit Tallit abhalten. Die Haredim reagieren oft mit Gewalt darauf. Deshalb hat die israelische Regierung 2016 einen

Gebetsplatz für das Reformjudentum an der Klagemauer einrichten lassen, welcher abseits der Hauptgebetsstelle liegt. Das hält allerdings die Protestierenden nicht davon ab, ihre Aktionen fortzusetzen. Es stellt sich die Frage, inwieweit die Proteste an der Klagemauer legitimiert sind.

Für die Protestierenden spricht, dass die Klagemauer der gegenwärtig wichtigste Ort für die jüdische Religion und damit für alle Juden heilig ist. Somit sollten alle Juden, egal welcher Strömung sie angehören, das Recht haben, an der Klagemauer beten zu dürfen. Doch das gibt es bereits. Es wird lediglich auf orthodoxe Traditionen Wert gelegt. Aber genau das ist es, wogegen die Liberalen protestieren: Man möchte nach seinen eigenen Regeln beten. Die Entscheidung der israelischen Regierung, die Bereiche nun auch nach Strömungen zu trennen, stellt objektiv gesehen einen akzeptablen Kompromiss dar. Das empfinden aber die Protestierenden scheinbar anders, sie verachten die ihrer Meinung nach intolerante Lebensweise der Orthodoxen.

Für den Erhalt der orthodoxen Regelung spricht, dass zwar alle das Recht haben sollten, an der Klagemauer zu beten, allerdings die Stätte ein betont religiöser Ort ist. Daher ist es logisch, dass demzufolge auch alle religiösen Gesetze, die seit Jahrtausenden existieren und an die die Gläubigen wirklich glauben, eingehalten werden sollten. Alles andere verletzt nicht nur die religiösen Gefühle der Menschen, sondern macht den heiligen Ort aus religiöser Sicht unrein. Es ist zwar verständlich, dass andere Strömungen andere Gesetze (die wir später noch diskutieren werden) haben, jedoch denke ich, dass es für einen orthodoxen Rabbiner deutlich schmerzhafter ist, Frauen im Tallit zu sehen, was eindeutig gegen seinen Glauben verstößt, als es für eine Frau ist, an einem bestimmten Ort ohne ihre gewohnte Kleidung zu beten. Wenn man auch dann noch keine Kompromisse eingehen möchte, dann hat das weniger mit Glauben als mit Sturheit und Provokationsfreudigkeit zu tun. Das legitimiert allerdings nicht das gewaltsame Verhalten vieler orthodoxer Juden.

Zudem denke ich, dass eine Aufteilung nach Konfessionen an der Klagemauer die Einigkeit des jüdischen Volkes in Frage stellt. Pluralität ist sehr positiv, allerdings kann sie meiner Meinung nach nur gemeinsam gelebt werden. Die Orthodoxie hat den jahrtausendealten Charakter des jüdischen Volkes am stärksten bewahrt. Insgesamt denke ich, dass die Klagemauer kein Streitpunkt, sondern ein einender Ort für das jüdische Volk und seine Traditionen sein sollte. Und genau deshalb ist eine orthodoxe Verwaltung der Klagemauer sinnvoll.

Damit klärt sich auch die Frage nach dem israelischen Religionsministerium und weiteren religiösen Einrichtungen, da diese gläubigen und traditionell lebenden Menschen überlassen werden sollten, und nicht Vertretern neuartiger Strömungen.

Was allerdings meiner Meinung nach weniger sinnvoll ist, ist die Tatsache, dass der Zentralrat der Juden in Deutschland keine liberalen Gemeinden aufnimmt. Denn der Zentralrat sollte alle Juden in Deutschland repräsentieren, und nicht nur die einer bestimmten Strömung. Der Unterschied zu den obigen Beispielen ist, dass der Zentralrat keine rein religiöse, sondern auch eine soziale und politische Funktion einnimmt. Für religiöse orthodoxe Angelegenheiten gibt es in Deutschland die einzelnen Gemeinden und Rabbiner, welche zur Orthodoxen Rabbinerkonferenz (ORD) zusammenkommen. Der Zentralrat sollte dagegen eine andere Funktion haben. Auch hier: Vereinigen statt spalten.

Insgesamt ist die einflussreiche Stellung der jüdischen Orthodoxie meiner Meinung nach also teilweise gerechtfertigt: In sozialen Aspekten sollte sie nicht die gesamte Macht besitzen, während in religiösen und traditionellen Fragen das orthodoxe Judentum ein einender Anker der Stabilität bleibt.

Das konservative Judentum – Masorti

Das konservative Judentum, welches auch Masorti-Judentum (hebräisch für traditionell) genannt wird, befindet sich von der religiösen Ausrichtung her zwischen der wörtlichen Auslegung der Torah der Orthodoxen und den modernen Ideen des Reformjudentums. Anhänger dieser Strömung sind meistens gläubige, traditionelle Juden, die allerdings eine moderne Lebensweise führen und nicht alle Mitzwot befolgen beziehungsweise diese milder auslegen. Generell sieht man das Judentum als eine sich verändernde, aber dennoch auf der Halacha beruhende Religion an. Das bedeutet, dass viele Glaubensgrundsätze hinterfragt werden, beispielsweise die Entstehung der Torah oder auch die Rolle der Frau, welche im Masorti-Judentum als gleichberechtigt gilt. Seit Ende des 20. Jahrhunderts können auch Frauen eine rabbinische Ausbildung erhalten und in Gemeinden als Rabbinerinnen aktiv sein. Viele jüdische Gemeinden in Deutschland, die als liberal bezeichnet werden, sind häufig tatsächlich konservativ.

Das konservative Judentum geht zurück auf die Lehren des Rabbiners Zacharias Frankel, der im 19. Jahrhundert lebte und in dem auch das Reformjudentum seine Wurzeln sieht. Er predigte beispielsweise auf Deutsch, lehnte aber viele radikalere Reformen anderer Rabbiner ab.

Die meisten mehr oder weniger religiösen Juden, die in der Diaspora leben, haben eine konservative religiöse Einstellung. Diese erlaubt zwar, die Traditionen zu erhalten, schränkt aber das moderne Leben im Gegensatz zum orthodoxen Judentum wenig ein. Es ist erkennbar, dass das konservative Judentum vor allem ein Phänomen der Diaspora ist, da es bis in die 1970er Jahre in Israel fast gar nicht vertreten war. Auch heute zählen konservative Gemeinden in Israel wenige Mitglieder, welche vor allem US-amerikanische Einwanderer sind. In den USA hingegen ist die Bewegung zusammen mit dem Reformjudentum die stärkste jüdische Strömung. Ihr gehören etwa ein Drittel aller Juden der USA an. Auch in anderen Ländern wie zum Beispiel Deutschland ist das Masorti-Judentum deutlich präsenter als in Israel.

Das hat vermutlich damit zu tun, dass Juden in Israel durch ihren Alltag nicht maßgeblich an der Ausübung der Traditionen gestört werden. Religiöse Juden sind meist orthodox, da dies keinen Nachteil darstellt. Nicht- beziehungsweise nur wenig traditionelle Juden dagegen sind säkular oder schließen sich zu liberalen Gemeinden zusammen. Es gibt also in Israel oft keinen Bedarf, einen solchen Mittelweg zu gehen. Das bedeutet aber nicht, dass es keine Israelis gibt, die eine ähnliche Lebensweise haben, allerdings besuchen diese trotzdem orthodoxe beziehungsweise reformistische Synagogen.

Das messianische „Judentum"

Eine sehr kontroverse Gruppe, bei der nicht klar ist, ob sie zum Judentum gehört, ist das sogenannte „messianische Judentum". Zu ihr gehören überwiegend Personen, die jüdische Abstammung besitzen und sich als „Juden" bezeichnen, aber dennoch Jesus als Messias anerkennen. Das heißt, häufig werden zwar die jüdischen Feiertage gefeiert, jüdische Traditionen in einer gewissen Art und Weise gepflegt und einige (aber nie alle) Regeln der Halacha anerkannt. Die Gottesdienste werden jedoch nach der christlichen Tradition abgehalten. Wir wollen uns im Folgenden ansehen, warum die messianischen Juden als kontrovers gelten.

Zunächst einmal gilt zu klären, worin die Kontroverse besteht. Es geht nicht um die Frage, ob diese Bewegung ihren Glauben ausüben darf oder ob dies gut oder schlecht ist. Jedem steht frei zu glauben, was er möchte, das gilt auch für das „messianische Judentum". Die Frage lautet eher, ob diese Bewegung noch zum Judentum gehört und ob die Mitglieder, die sich selbst als Juden bezeichnen, auch wirklich solche sind. Zudem kommt die Frage auf, wie moralisch und ethisch korrekt es ist, Elemente des Judentums mit Jesus zu verbinden, und wie man die Aktivitäten der messianischen Bewegung bewertet.

Beantworten wir zuerst die Frage, ob die sogenannten „messianischen Juden" als eine Strömung innerhalb der jüdischen Religion gelten können.

Auch wenn die jüdischen Feste gefeiert werden, wird dies auf eine nichtreligiöse oder auch teils eigenartige Art und

Weise (die Feiertage werden oft mit Jesus in Verbindung gebracht) getan, welche nicht mit den jüdischen Traditionen vereinbar ist. Von der jüdischen Religion kann schon hier keine Rede sein. Ganz zu schweigen von Verstößen gegen unzählige der 613 Mitzwot. Doch auch das ist nicht der Hauptgrund: Das Hauptproblem, warum die Bräuche der „messianischen Juden" nicht zum Judentum gezählt werden können, besteht darin, dass viele Gemeinden als Grundlage des Glaubens die Lehren des Neuen Testaments nehmen, welches nun gar nicht zum Judentum passt. Damit Verstößt es gegen die Auffassung, dass die Torah die Grundlage des jüdischen Glaubens ist. Somit ist das „messianische Judentum" eigentlich eher ein Teil des Christentums.

Auf der Webseite der Evangelischen Kirche in Deutschland findet sich eine erstaunlich gute Analyse des Problems der „messianischen Juden"[15]. Dort ist unter anderem zu lesen, dass der Glaube an Jesus im Mittelpunkt des christlichen Glaubens steht und auch das Hauptkriterium für die Zugehörigkeit zu jenem ist. Damit seien die „messianischen Juden" tendenziell dem Christentum zuzuordnen. Zu den jüdischen Traditionen, die von „messianischen Juden" gepflegt werden, heißt es: „[...] [E]ine Orientierung des Lebensvollzuges an der Halacha im Raum der Kirche [ist] theologisch akzeptabel. Wenn Judenchristen ihr jüdisches Erbe pflegen, ist dies insofern Ausdruck ihrer christlichen Freiheit."[15] Das bedeutet, dass die christliche Kirche offiziell bestätigt, dass unter gewissen Voraussetzungen, wie beispielsweise dem reinen Symbolcharakter der praktizierten jüdischen Tradition, welcher im

Allgemeinen zutrifft, die „messianischen Juden" als Christen gelten. Da die Bewegung vom Judentum nicht als Teil der Religion gesehen wird und vom Christentum bestätigt wird, dass es sich bei den Mitgliedern eher um Christen handelt, ist die Frage nach der Zugehörigkeit zur jüdischen Religion offensichtlich mit nein zu beantworten.

Eine schwierigere Frage ist die nach der Zugehörigkeit der Mitglieder jüdisch-messianischer Bewegungen zum jüdischen Volk. Hier wird wieder das Thema des ersten Kapitels „Wer ist Jude?" relevant. Im Gegensatz zur Debatte über patrilineare Juden herrscht in dieser Frage Konsens. Man ist sich weitestgehend darüber einig, dass Mitglieder solcher Bewegungen ihre Volkszugehörigkeit freiwillig abgelegt haben. Wir wollen nun prüfen, ob eine solche Sichtweise gerechtfertigt ist.

Hierzu betrachten wir unsere vertrauten Sichtweisen: Die juristische, die religiöse, die ethnische und die erbliche. Wie wir im ersten Kapitel feststellten, bezieht sich die juristische Sichtweise vor allem auf das Gesetz über das Rückkehrrecht des Staates Israel. Dieses sagt wie wir wissen aus, dass jüdischen Personen das Recht auf Einwanderung abgesprochen wird, falls sie ihre Religion freiwillig geändert haben. Nach der vorhergehenden Argumentation ist klar, dass das „messianische Judentum" nicht Teil des Judentums, aber durchaus eine religiöse Bewegung ist, unabhängig davon, ob man sie dem Christentum zuordnet. Auch der oberste Gerichtshof in Israel entschied 1989, dass das „messianische Judentum" eine vom Judentum separate Religion ist und deren Anhängern die Staatsbürgerschaft auf Basis ihrer jüdischen Identität somit nicht gewährt werden kann. Der Staat Israel betrachtet also die „messianischen Juden" nicht als Angehörige des jüdischen Volkes.

Das religiöse Kriterium ist in diesem Fall identisch zum juristischen, da nach der Halacha eine Konversion zu einer anderen Religion den Ausschluss aus dem Bund mit Gott und somit aus dem jüdischen Volk bewirkt.

Mit dem ethnischen Kriterium ist es dagegen nicht ganz so einfach. Dies ist der Tatsache geschuldet, dass die meisten „messianischen Juden" sich selbst als Juden wahrnehmen. Zum einen beruht diese Wahrnehmung häufig auf der jüdischen Abstammung der Angehörigen, zum anderen auf den Traditionen, die ihren Ursprung im Judentum haben. Zwar sind die für die „messianischen Juden" üblichen Traditionen wie die Beschneidung und die einzelnen Feiertage ursprünglich jüdisch, werden jedoch teilweise massiv entfremdet, am stärksten von ihnen das Pessachfest, welchem eine zusätzliche Bedeutung ähnlich der des christlichen Ostern zukommt. Das hat vor allem den Grund, dass für praktisch alle jüdischen Traditionen die Religion als Grundlage dient. Das bedeutet: Nimmt man das Christentum zur Glaubensgrundlage, so wird sich auch die ursprünglich jüdische Tradition entsprechend verändern.

An dieser Stelle muss eine Sache klargestellt werden: Die Befolgung jüdischer Traditionen ist meiner Meinung nach, wie ich später noch begründen werde, nicht die alleinige Grundlage der jüdischen Identität oder des ethnischen Kriteriums der Volkszugehörigkeit, schließlich gibt es sehr viele säkulare Juden. Es ist aber ein großer Unterschied, ob man den Traditionen nur teilweise bis gar nicht folgt oder eigene Ergänzungen hinzufügt und die Tradition damit grundlegend verändert. Denn wenn man eine Tradition nicht ausübt, kann man sich trotzdem mit der Kultur, aus der diese Tradition stammt, identifizieren. Aber es ist nicht logisch, sich mit einer Tradition zu identifizieren, jedoch eine andere auszuüben. Doch genau das tun die „messianischen Juden", weshalb auch das ethnische Kriterium eher gegen eine Zugehörigkeit dieser zum jüdischen Volk spricht.

Zuletzt betrachten wir die erbliche Sichtweise. Man könnte meinen, diese spräche für die Zugehörigkeit der Bewegung zum jüdischen Volk. Das ist aber nur zum Teil richtig. Die Mehrheit der Mitglieder der Kirchen des „messianischen Judentums" sind tatsächlich jüdischer Abstammung. Da aber bei den „messianischen Juden" der Glaube daran, dass Jesus der Messias sei, und nicht das Auserwähltsein des jüdischen Volkes im Mittelpunkt steht, stehen die Kirchen beziehungsweise Gemeinden der Bewegung allen Interessenten und somit auch Nichtjuden offen. Das bedeutet, dass für das „messianische Judentum" das erbliche Kriterium so gut wie keine Rolle mehr spielt. Und selbst bei der Betrachtung von Mitgliedern der Bewegung, die jüdische Abstammung besitzen, spielt letztere nur eine kleine Rolle, wenn die Mitglieder mit faktisch christlichen Traditionen aufwachsen.

Wir stellen somit fest: Es ist de facto eindeutig, dass „messianische Juden" nicht zum jüdischen Volk gehören. Aufgrund der Umstände, zu welchen wir gleich kommen, wäre es eventuell sinnvoll, ihnen den Giur zu erleichtern, um ihnen eine Wiederaufnahme in das jüdische Volk zu ermöglichen. An der Tatsache, dass „messianische Juden" eigentlich gar keine Juden sind, würde aber auch das nichts ändern.

Wir wollen uns nun die Aktivitäten der „messianischen Juden" ansehen und diese dabei aus einer ethischen Perspektive bewerten.

Die Bewegung besitzt keine zentrale Verwaltung, stattdessen gibt es viele verschiedene Organisationen. Die wahrscheinlich bekannteste von ihnen ist „Jews for Jesus", welche 1973 von Martin Rosen gegründet wurde, der sich selbst „Moische" nannte. Tatsächlich ist allgemein bekannt, dass es sich hierbei um eine radikale christlich-evangelikale Judenmission handelt. Die Webseite der Bewegung ist sehr einladend gestaltet und auch die Argumentation, weshalb Jesus der Messias sei, erscheint für wenig informierte jüdische Beobachter durchaus seriös. Genau das macht die Sekte gefährlich: Man erweckt bei Juden, die sich wenig mit ihrer Kultur auskennen, den Anschein einer jüdischen Organisation. Inoffizielles Ziel der Institution ist es dabei, Juden zum Christentum zu bekehren.

Die Judenmission ist generell ein sehr kontroverses Thema, da man sie historisch mit Zwangskonversion und Gewalt verbindet. Vom Mittelalter bis in die Neuzeit war die Judenmission mit einem menschenverachtenden Antijudaismus verbunden. Somit missionieren die evangelische und katholische Kirche seit der Schoah Juden faktisch gar nicht mehr, die Mehrheit der Kirchen lehnt die Judenmission zudem entschieden ab. Allerdings ist diese Auffassung unter Evangelikalen nicht vertreten, die bis heute radikale Mission unter Juden betreiben. Daher unterstützen sie auch die Gruppierungen der „messianischen Juden".

Aber zurück zu „Jews for Jesus". Die Geschichte der Organisation hinterlässt einen dubiosen Eindruck. Martin Rosen stammt zwar aus einer jüdischen Familie, konvertierte aber zum Christentum und erhielt eine geistliche Ausbildung. Als er dann mit der Judenmission durch „Jews for Jesus" anfing, änderte er seinen Namen in Moische, um „jüdischer" zu wirken und so bei potentiellen jüdischen Mitgliedern vertrauen zu erwecken.

Rosens Nachfolger im Vorsitz der selbsterklärten „jüdischen" Organisation, David Brickner, wurde 2008 für folgende Worte in Bezug auf „Gottes Strafe" für den „Unglauben der Juden" bekannt: „Als mein Sohn in Jerusalem war, sah er einen Teil des Strafgerichts, dieses Konflikts, als ein Palästinenser aus Ost-Jerusalem mit einem Bulldozer dutzende Autos platt rollte und viele Menschen tötete. Strafgericht - man kann das nicht übersehen."[16] Sich nach solchen Worten als „jüdisch" zu bezeichnen ist eine dreiste Lüge.

Die Organisation missioniert in vielen jüdischen Gemeinden der USA und nun auch Deutschlands. Abgesehen vom allgemein unethischen Charakter solcher Missionen werden dadurch auch jüdische Gemeinden teilweise massiv geschwächt, was ein großes Problem darstellt. Auch in Deutschland gibt es mehrere „messianisch-jüdische" Organisationen, beispielsweise die Chemnitzer Gemeinde „Neuer Wein". Diese missioniert vor allem unter sowjetisch-jüdischen Zuwanderern, deren oft geringes Wissen über das Judentum sich die Missionare zunutze machen. Konkret wird den Adressaten vorgegaukelt, dass es sich in der Gemeinde um „jüdische Traditionen" handele. Tatsächlich werden jedoch christliche Gottesdienste abgehalten. Hier handelt es sich also um gezielte Falschinformation. In der Gemeinde „Neuer Wein" wurden beispielsweise „600 osteuropäisch klingende Namen" aus Telefonbüchern herausgesucht und kontaktiert, da man auf eine leichtere Missionierung von potentiellen Juden hoffte[17]. Von ethisch korrektem Verhalten kann hier wohl kaum die Rede sein.

Zusammenfassend kann man zum „messianischen Judentum" Folgendes feststellen: Die sogenannten „messianischen Juden" sind eine dubiose Randerscheinung. Entgegen jüdischer Tradition wird das Christentum mit jüdischen Elementen vermischt, was nicht zusammenpasst. Somit gehören Anhänger solcher Gemeinden nicht zur jüdischen Religion und damit auch nicht zum jüdischen Volk. Ziel der Bewegung ist eine oft aggressive Judenmission, welche mit Mitteln wie Lügen, Ausnutzung der Unkenntnisse von Personen, Falschinformation und Antijudaismus durchgeführt wird. Abschließend noch ein Zitat des liberalen Rabbiners Chaim Rozwarski: „Ihr könnt kein Glück finden, indem Ihr anderen Schmerz, Kummer und Leid zufügt. Wenn Ihr den Weg von „Juden für Jesus" geht, verratet Ihr Eure jüdische Familie und das jüdische Volk."[18]

Das liberale Judentum

Das liberale Judentum ist eine wichtige und große Strömung im Judentum. Wie der Name schon sagt, ist die Ausrichtung der Bewegung modern, weshalb sie auch Reformjudentum oder progressives Judentum genannt wird. Die Bewegung entstand am Anfang des 19. Jahrhunderts aus den Ideen der Haskalah. Das Wort „Reform" in Reformjudentum steht dafür, dass man zunehmend die jüdische Ethik statt der religiösen Formalitäten in den Vordergrund rückte. Das heißt, man betrachtet die ethischen und zwischenmenschlichen Lehren des Judentums als ewig, während die rituellen Traditionen im Laufe der Zeit angepasst werden könnten. Das Einhalten vieler Gebote wird also nicht als bindend erachtet, sondern dem Individuum überlassen. Damit sind die Regeln im liberalen Judentum noch freier als im konservativen Judentum.

Im 20. Jahrhundert entstand als eine ähnlich liberale Lehre der Rekonstruktionismus, welcher oft als eigene Strömung innerhalb des Judentums angeführt wird.

In den USA stellt das liberale Judentum die größte jüdische Bewegung dar, während sie in Israel und in Deutschland, wo sie allerdings die historisch bedeutendste ist, heute wenig Einfluss besitzt. Vereinfacht gesagt entstand das liberale Judentum, um den Juden, welche im 18. und 19. Jahrhundert zunehmend Teil der europäischen Gesellschaft wurden, eine moderne Lebensweise ohne größere Einschränkungen zu ermöglichen und ihnen zu überlassen, welche Traditionen für sie persönlich wichtig waren und welche weniger. Diese neuartige Modernität weitet sich auch auf religionspolitische Fragen aus: Beispielsweise müssen traditionelle Gebete, welche aufgrund von persönlichen ethischen Grundsätzen der Mitglieder nicht unterstützt werden (zum Beispiel die Bitte über das Opfern im Tempel), nicht gesprochen werden. Zudem ist auch das Egalitätsprinzip wichtig für die Strömung, denn auch Frauen können im liberalen, wie im konservativen Judentum, Rabbinerinnen werden.

Das liberale Judentum setzt die Diskussion über den Tanach fort, sodass bestehende rituelle Normen durchaus hinterfragt werden können. Auf die Behauptung, dass dadurch das liberale Judentum ein „Judentum light" sei, antwortet Irith Michelsohn, die Geschäftsführerin der Union der Progressiven Juden in Deutschland: „Das möchte ich ganz klar widerlegen, [...] denn ein progressiver Jude fragt sich jedes Mal, warum dieses so ist und nicht anders, im Gegensatz zu einem orthodoxen Juden, der das Gegebene nimmt und die Torah nicht unbedingt hinterfragt."[19]

Ob das Orthodoxe wirklich nicht tun, ist fraglich, denn wie wir wissen gibt es auch im orthodoxen Judentum verschiedene Strömungen und Lehren, die kontrovers zueinander stehen. Allerdings beschreibt das Hinterfragen im liberalen Judentum den Charakter der Strömung, denn das ist das historische Ergebnis der aufklärerischen Ideen der Haskalah. Eine weitere Folge ist aber auch, dass viele Traditionen tatsächlich nicht mehr so stark wie im orthodoxen Judentum zur Geltung kommen. Daher ist das liberale Judentum zwar kein „Judentum light", aber tendenziell eine Strömung für religiöse Menschen, denen aber das weltliche Leben doch wichtiger ist. Das bedeutet aber nicht, dass es keine Ausnahmen geben kann.

Kommen wir noch einmal auf die Besonderheit des liberalen Judentums, dass auch Frauen Rabbinerinnen werden können, zurück. Wie teilweise schon angesprochen gibt es gegenwärtig eine große Kontroverse über die Rolle von Frauen im Judentum. Konkret wird diskutiert, ob es Frauen erlaubt sein sollte, das Amt eines Rabbiners zu bekleiden und zum anderen, ob Frauen generell bei religiösen Veranstaltungen wie Gottesdiensten zu Männern gleichberechtigt sein sollten. Im Folgenden werden wir die einzelnen Positionen zu diesen Fragen genauer betrachten.

Dafür spricht auf jeden Fall die demokratische Auffassung der Gleichberechtigung. Die Tradition, dass nur Männer jüdische religiöse Oberhäupter werden können, entstand noch in der Antike. Da nun aber auch Frauen gesellschaftlich aktiv sind, wäre eine Zulassung von Rabbinerinnen zeitgemäß und würde auch der modernen Lebens- und Wertevorstellung entsprechen. Zudem wäre es für jüdische Frauen deutlich einfacher, auch eine Gemeinderabbinerin zu haben, die bei einigen Fragen sicherlich eine bessere Ansprechpartnerin als ein männlicher Rabbiner wäre. Das würde für ein vertrauensvolleres Verhältnis zwischen den Mitgliedern der Gemeinde und der Gemeindeleitung sorgen und die Atmosphäre innerhalb der Gemeinde vermutlich auch allgemein verbessern. Es ist außerdem wissenschaftlich nachgewiesen, dass Frauen eher auf Kooperation setzen als Männer, was ebenfalls positiv für das Gemeindeleben ist. Diese Aussage kann man natürlich nicht auf jede konkrete Rabbinerin beziehen, aber man kann sagen, dass objektiv gesehen Rabbinerinnen keinen Nachteil gegenüber Rabbinern haben.

In vielen liberalen und konservativen jüdischen Gemeinden sind Rabbinerinnen schon seit Jahrzehnten Normalität, kommen all ihren Verpflichtungen nach und werden von den Gemeindemitgliedern akzeptiert.

Es gibt aber verständliche Gründe, aus denen besonders Vertreter orthodoxer Glaubensgemeinschaften den Einsatz von Rabbinerinnen ablehnen: Erst einmal will man natürlich nicht die Tradition aufgeben, die über Jahrtausende unverändert geblieben ist. Man befürchtet durch das Aufgeben von Traditionen eine starke Veränderung des Charakters der jüdischen Kultur, welche nicht wünschenswert ist.

Was aber viel mehr diskutiert wird, ist die Frage, wie weibliche betende und demzufolge auch Rabbinerinnen sich zu verhalten haben. Oft argumentieren reformistische Bewegungen, wie die uns schon bekannte „Women of the Wall", dass sich die Gleichberechtigung der Geschlechter auch auf die Religion beziehen sollte, weswegen Frauen unter anderem traditionelle Kleidung wie Kippah, Tefillin und Tallit tragen sollten. Im Sinne der Orthodoxie stellt ein solches Handeln einen klaren Verstoß gegen die Ordnung der Torah dar, denn in dieser heißt es explizit: „Ein Weib soll nicht Mannsgewand tragen, und ein Mann soll nicht Weiberkleider antun; denn wer solches tut, der ist dem Herrn, deinem Gott, ein Gräuel."[20] Das ist aus religiöser Sicht also eindeutig ein Problem. Aus Sicht der Tradition und auch der

Gleichberechtigung ist es ebenfalls nicht ganz rational: Wer sagt denn, dass Frauen, um gleichberechtigt beten zu dürfen, die gleiche Kleidung wie Männer tragen müssen?

Die Forderung, dass Frauen aus der Torah lesen dürfen sollten, ist nachvollziehbar, da die Torah die wichtigste Schrift des Judentums ist. Auch der Wunsch nach der Aufhebung der Geschlechtertrennung bei Gebeten im Sinne der Gleichberechtigung ist verständlich.

Allerdings ist weniger verständlich, warum Frauen eine Kippah tragen wollen, wenn diese nicht einmal wirklich religiöse Bedeutung hat. Die Kippah kam erst im 16. Jahrhundert auf und war von Anfang an nur für Männer gedacht. Das bedeutet, dass das Tragen von Kippot durch Männer die Tradition gerade ausmacht. Inwiefern das für Frauen auch Bedeutung hat, ist fragwürdig.

Das Tragen von Tallit und Tefillin ist zwar im Vergleich dazu eine sehr alte und religiöse Tradition, allerdings ist diese ebenfalls den Männern vorbehalten. Es hat also meiner Meinung nach wenig Sinn, solche Traditionen zu hinterfragen und zu verändern, da die Bräuche historisch entstanden sind. Gleichberechtigung bringen solche Änderungen nicht zum Ausdruck.

Aber zurück zu der Rabbinerinnen-Frage. Ein weiteres Argument, was gegen Rabbinerinnen spricht, ist die Existenz von Rebbetzinen, die im Prinzip die Vorteile von Rabbinerinnen haben, ohne dass sie Gottesdienste leiten. Eine Rebbetzin ist als Frau des Rabbiners für die Frauen der Gemeinde als religiöse Beraterin zuständig und eine wichtige Autorität.

Man befürchtet also, dass durch die Ausweitung der Tradition der Rabbiner auf das weibliche Geschlecht die Kultur maßgeblich verändert wird. Allerdings gibt es meiner Meinung nach im liberalen Judentum viel gravierendere Unterschiede zum traditionellen orthodoxen Judentum. Daher stellen Rabbinerinnen nicht die maßgeblichste Veränderung dar. Im liberalen Judentum ist die Einführung von Rabbinerinnen zudem auf keinen nennenswerten Widerstand innerhalb der Gemeinden gestoßen. Daher ist es meiner Meinung nach kein Problem, wenn liberale Gemeinden Rabbinerinnen anstellen, da dies auch der Ausrichtung der Gemeinden entspricht.

Innerhalb orthodoxer Gemeinden stellt sich die Frage nach den Rabbinerinnen seit neuestem allerdings auch: 2010 wurde Sara Hurwitz, die bereits lange in der orthodoxen Gemeinde von New York aktiv war, eine „Rabba". Sie hatte auch vor der Titeländerung praktisch die gleichen Aufgaben wie ein Rabbiner, nur am Rabbinatsgericht durfte sie nicht teilnehmen. Der Titel sei nur geändert worden, um die Rolle von Hurwitz in der jüdischen Gemeinde klarzustellen. Das ist kein Einzelfall: Seit einigen Jahren gibt es immer mehr Frauen, die in orthodoxen Gemeinden die Aufgaben von Rabbinern übernehmen.

Meiner Meinung nach ist das nicht mit der Orthodoxie vereinbar. Auch wenn die Schriften oft so gedeutet werden, dass nach der Halacha die Ausübung des Berufes eines Rabbiners auch Frauen gestattet sein müsste, spricht die Jahrtausende alte Tradition eindeutig dagegen. Im Fall von liberalen und konservativen

Gemeinden ist die Neuerung nach der obigen Argumentation mit deren Weltanschauung vereinbar. Die Orthodoxie allerdings steht für die Wahrung von Traditionen und in diesem Sinne sollten alle orthodoxen Rabbiner männlich bleiben. Sonst könnte sich im Laufe der Zeit das Selbstverständnis der Orthodoxie ändern, was für das gesamte jüdische Volk nicht von Vorteil wäre. Zusammenfassend: Das liberale Judentum ist mit seinen Neuerungen eine Folge der modernen Lebensweise. Die Strömung ist für viele Mitglieder des jüdischen Volkes sehr passend und damit für das Judentum des 21. Jahrhunderts bedeutend. Deswegen sollte die Strömung vom gesamten jüdischen Volk akzeptiert werden. Das Frauen als Rabbinerinnen eingesetzt werden entspricht den Vorstellungen dieser Strömung. Insofern ist es akzeptabel, wenn Rabbinerinnen in konservativen und liberalen Gemeinden aktiv sind. Für das orthodoxe Judentum gilt das aufgrund seiner Funktion als Wächter über die Traditionen jedoch nicht.

Jüdischer Säkularismus

Unter säkularen Juden versteht man Mitglieder des jüdischen Volkes, die nicht nach den religiösen Traditionen leben. Wie wir bereits im Abschnitt über das „messianische Judentum" geklärt haben, kann ein Vertreter des jüdischen Volkes entweder Anhänger der jüdischen oder keiner Religion sein. Zwischen säkularen und religiösen Juden gibt es keine klare Abgrenzung. Als säkular bezeichnet man im Allgemeinen solche Menschen, die sich im Leben auf die weltliche Gesellschaft fokussieren. Daher könnte man meinen, dass säkulare Juden keine religiösen Praktiken ausführen. Das ist aber nicht ganz zutreffend. Viele säkulare Juden feiern die jüdischen Feste und haben auch einige religiöse Traditionen übernommen. So gibt es beispielsweise viele säkulare Juden, die Kaschrut (Lebensmittelgesetze) einhalten, welche einen religiösen Ursprung haben. Was genau heißt also „säkular"?

Ich denke, das Wichtigste ist hier, dass sich die betroffene Person selbst als säkular identifiziert. Beispielsweise kann sich eine Person zum jüdischen Volk zugehörig fühlen, sich möglicherweise an einige Traditionen halten und vielleicht auch eine gewisse Verbindung zur jüdischen Religion haben. Letztere wird aber nicht als obligatorisch betrachtet. Das heißt, ein säkularer Jude kann durchaus zu Gottesdiensten in die Synagoge kommen, allerdings nur für Zwecke der Traditionserhaltung. Das bedeutet, dass ein säkularer Jude nicht an Gott glaubt. Und das ist meiner Meinung nach der Kern des jüdischen Säkularismus. Während sich beispielsweise gläubige liberale Juden nicht an alle religiösen Gesetze halten, weil sie diese für ihren Glauben nicht als nötig erachten oder einfach anders verstehen, tun säkulare Juden das nicht, weil sie prinzipiell daran nicht glauben. Also steht beim jüdischen Säkularismus die Volkszugehörigkeit im Vordergrund.

Der Säkularismus im Judentum ist sehr breit gefächert: Von Juden, die sich zwar als solche identifizieren, aber oft gar keine jüdischen Traditionen kennen, bis zu regelmäßigen Gottesdienstbesuchern, die auch viele jüdische Traditionen aktiv praktizieren. Damit können säkulare Juden Mitglieder von jüdischen Gemeinden sein, aber es gibt dennoch viele, die es aus unterschiedlichen Gründen (siehe zum Beispiel erstes Kapitel) nicht sind.

Während früher der Begriff des jüdischen Säkularismus einen Widerspruch darstellte, ist er heute eine Massenerscheinung. In den USA bezeichnen sich 44 Prozent aller Juden als säkular.[21] Allerdings dürfte die Zahl noch viel höher liegen, da viele säkulare Juden aufgrund der häufigen Nichtmitgliedschaft in jüdischen Gemeinden nicht erfasst werden. Es gibt verschiedene Theorien, warum gerade heute so viele Juden säkular leben. Ein Grund ist natürlich die Globalisierung und die ermöglichte Teilnahme von Juden am Gesellschaftsleben, wodurch automatisch eine Säkularisierung erfolgt. Es gibt allerdings noch andere wichtige Gründe, auf die wir aber später zu sprechen kommen.

Das säkulare Leben ist häufig mit einer schwächeren Bindung an die Traditionen des jüdischen Volkes verbunden. Daher ist Assimilation ein häufiges Phänomen unter säkularen Juden, was von Orthodoxen stark kritisiert wird. Die Gründe dafür, warum das jüdische Volk nicht so stark assimiliert wie andere Gruppen, werden im nächsten Kapitel das Thema sein. Doch davor wollen wir noch einmal die Strömungen des Judentums und die damit verbundenen aktuellen Fragen zusammenfassen:

Die Orthodoxie hat eine immense Bedeutung für die jüdische Religion, da sie diese in ihrer ursprünglichsten Art und Weise praktiziert. Dank der Orthodoxie werden die jüdischen Traditionen erhalten. Meiner Meinung nach ist es wichtig, dass allein die Orthodoxie gemeindeübergreifende religiöse (und nur religiöse) Angelegenheiten klären können und die Kontrolle über religiöse Stätten haben sollte. Das konservative und liberale Judentum sind relativ neue Erscheinungen, die aber in der modernen Welt ihre Berechtigung besitzen und akzeptiert werden sollten. Daher sollten auch Besonderheiten wie die Existenz von Rabbinerinnen in diesen Gemeinden von anderen Strömungen nicht kritisiert werden. Das gilt jedoch nicht für das orthodoxe Judentum, für das die Rabbinerinnenfrage aufgrund des Selbstverständnisses der Orthodoxie meiner Meinung nach eindeutig mit nein zu beantworten ist. Mitglieder des sogenannten „messianischen Judentums" sollten nicht zum jüdischen Volk gezählt werden, da sie zu einer anderen Religion konvertiert sind.

3.Gegenteilige Formen des Hasses: Antisemitismus und Rassismus

„Wir sind ein Volk - der Feind macht uns ohne unseren Willen dazu, wie das immer in der Geschichte so war."

-Theodor Herzl

SEIT DEM BEGINN der Phase der Diaspora des jüdischen Volkes gibt es den Antisemitismus, den Hass, den andere Völker gegen Juden ausüben. Wir wollen klären, wie der Antisemitismus in 2000 Jahren das jüdische Volk geprägt hat und auch heute noch beeinflusst. Dazu müssen wir erst einmal das Phänomen des Antisemitismus charakterisieren und mit anderen Formen des gruppenbezogenen Hasses vergleichen. Oft wird der Antisemitismus als eine Form des Rassismus gesehen, doch wie man im Folgenden beobachten können wird, ist dieser Vergleich nicht so einfach. Um diese Phänomene dennoch vergleichen zu können, müssen wir uns zuerst die Geschichte des Antisemitismus ansehen.

Die erste Dokumentation des Judenhasses findet sich schon in der Torah: Die in Ägypten lebenden Juden wurden versklavt. Doch als wirklich einzigartigen Hass gegen Juden kann man das wohl nicht bezeichnen, da er sich auch nicht so äußerte. Doch es gab schon in der Antike Antisemitismus: Laut dem Buch Esther hatte man schon unter König Ahasveros von Persien Vernichtungsphantasien gegen Juden. Auch andere

Gegenteilige Formen des Hasses: Antisemitismus und Rassismus

Völker der Antike hatten ein negatives Bild vom Volk Israel. Dieser vorchristliche Antijudaismus (Judenhass in Bezug auf den jüdischen Glauben) geht im Wesentlichen auf den Monotheismus der Juden zurück, welcher dem Nahen Osten der Antike fremd war. Daher passte das jüdische Volk nicht ins Bild und wurde ausgegrenzt.

Auch im Römischen Reich waren die Juden nicht sicher: Auch wenn das Siedlungsverbot von Juden in Eretz Israel des Jahres 136 unserer Zeitrechnung politisch motiviert war, gab es beispielsweise schon im Jahr 38 in Alexandria das erste gezielt antijüdische Pogrom der Geschichte, in dem der Antijudaismus der Einwohner resultierte.

Mit dem Aufstieg des Christentums wurde immer häufiger die Präsenz des Judentums als Bedrohung angesehen, da die Juden Jesus nicht als Messias anerkannten. So wurden die teilweise bis heute existierenden christlich-antijudaistischen Legenden geschaffen, wonach die Juden für den Tod Jesus verantwortlich seien. Während also der Antijudaismus der Antike einen doch eher abstrakten Charakter hatte, beruhte der Judenhass der Christen auf konkreten Aussagen und Legenden, was ihn gefährlicher machte. Zudem wurde der Antijudaismus im Römischen Reich allmählich Teil des staatlichen Systems.

Mit der Diaspora kam noch hinzu, dass das jüdische Volk überall in Europa fremd war: Es war die einzige nennenswerte nicht-christliche Gruppe. Dies verstärkte die Xenophobie und die antijüdischen Legenden und Vorurteile. Da die Juden oft die einzigen „Fremden" waren, bekamen sie die Rolle des idealen Sündenbocks. Für alle Missstände machte man die Juden verantwortlich, wodurch wiederum neue, bis heute kursierende Legenden entstanden, zum Beispiel dass die Juden Brunnen vergiften würden.

Welche Folgen hatten diese Anfeindungen für das jüdische Volk? Zum einen war es im sozialen Leben weitgehend von der übrigen Gesellschaft separiert. Juden wurden in vielen europäischen Städten des Mittelalters gezwungen, in eigenen Vierteln, die später nach venezianischem Vorbild Ghetto genannt wurden, zu wohnen. Zum anderen wurden Juden seit dem 9. Jahrhundert aus den meisten üblichen Berufen ausgegrenzt, wodurch sie sich auf finanzielle Berufe konzentrierten. So waren die europäischen Juden die Einzigen, die im Kreditwesen aktiv sein konnten, da für das mittelalterliche Christentum ein allgemeines Zinsverbot galt. Damit hatten die Juden ein Monopol auf Kredite, wodurch sie oft Wohlstand erreichten.

Verstärkt wurde der Wohlstand durch zwei weitere Faktoren: Zum einen, dass die jüdische Religion auf Texten basiert, welche auswendig gelernt und diskutiert wurden. Die mittelalterlichen Juden konnten lesen und schreiben und waren damit oft gebildeter als der Rest der Bevölkerung, was wiederum Vorteile im Leben schuf. Zum anderen waren Juden einem enormen Druck von außen ausgesetzt, wodurch sie mehr Leistungen als andere erbringen mussten, um halbwegs von der Gesellschaft akzeptiert zu werden.

Dieser Wohlstand wurde von den Christen als ungerecht aufgefasst. Damit entstanden weitere bekannte Stereotype wie das des „geldgierigen Juden". Das führte zu größerem Hass und weiteren Pogromen, bei denen

Juden getötet und ihr Besitz geraubt wurde. Theodor Herzl bemerkte passend: „Die Juden werden nur wegen ihrer Tugenden gehasst, nicht wegen ihrer Fehler."[22]

Besonders prekär war die Situation der europäischen Juden während der Kreuzzüge. Auch der protestantische Reformator Martin Luther war ein klassischer christlicher Judenhasser, der in seiner 1543 erschienenen Hetzschrift „Von den Juden und ihren Lügen" forderte, mit Gewalt gegen jüdisches Leben vorzugehen.

Doch die Juden hatten eine Möglichkeit, sich zu retten: Im Mittelalter und auch danach gab es eine aggressive Judenmissionierung. Auch während der Kreuzzüge konnten Juden zum Christentum konvertieren und so ihren Tod verhindern. Das bedeutet, dass sich der christliche Antijudaismus gegen die jüdische Religion wendete, nicht aber gegen genetische jüdische Abstammung.

Das änderte sich mit dem Anbruch des Zeitalters der Aufklärung. Dadurch, dass immer mehr Juden die Möglichkeit hatten, sich in die Gesellschaft zu integrieren, war auch ihr Erfolg nicht zu übersehen. Das hatte wieder einmal Neid zufolge. Es gab viele Gegner der jüdischen Teilhabe an der Gesellschaft, da die mittlerweile Jahrtausende alten antisemitischen Ideen tief in der Gesellschaft verankert waren. Daher richtet sich diese Form des Judenhasses, welche man Antisemitismus nennt, nicht nur gegen die jüdische Religion, sondern gegen eine angeblich existierende „jüdische Rasse". Somit war es für Juden nicht mehr möglich, durch Konversion der Bedrohung zu entkommen.

Der neuzeitliche Antisemitismus benutzt die alten Legenden und fasst sie in einem neuen Kontext zusammen: Es gäbe eine jüdische Weltverschwörung, welche die Finanzmärkte beherrsche und versuche, die Welt zu kontrollieren. Das Stereotyp der Geldgier ist dabei zentral, Verschwörungstheorien, die von einer „Börse" oder einer „Weltregierung" sprechen, bringen diese meistens mit Juden in Verbindung.

Es wird behauptet, dass die „jüdische Rasse" nicht „rein" sei wie die europäische. Zudem könne man sich der Loyalität der Juden nicht sicher sein, welche insofern eine Gefahr für den Staat darstellen würden. In Verbindung mit sozialdarwinistischen Ideen diente diese Form des Antisemitismus als Grundlage für die Rassenpolitik der Nationalsozialisten, welche bekanntlich in der Schoah endete.

Seit 1945 wird in Europa offener Antisemitismus gesellschaftlich verachtet. Das bedeutet, dass es nur noch wenige Menschen gibt, die sich selbst als Antisemiten bezeichnen würden. Doch Antisemitismus ist auch heute noch leider eine Massenerscheinung. Der Judenhass kommt nur anders zum Ausdruck: Statt Weltfinanzjudentum sagt man beispielsweise nur noch „Weltfinanztum", meint aber dasselbe. Hinzu kommt noch die sehr weit verbreitete Holocaustleugnung und -Legitimierung, wobei häufig behauptet wird, dass die Juden für den Holocaust verantwortlich seien beziehungsweise diesen für eigene Zwecke ausnutzen würden. Das ist eine andere Ausdrucksweise des selben, uralten Hasses.

Gegenteilige Formen des Hasses: Antisemitismus und Rassismus

Seit der Staatsgründung Israels ist außerdem die sogenannte „Israelkritik" populär geworden, da man nicht die Juden, sondern lediglich die Politik des Staates Israel kritisiere. Doch auch Kritik hat ihre Grenzen. Wenn man beispielsweise statt „Die Juden vergiften Brunnen" neuerdings „Der Staat Israel vergiftet Brunnen" sagt, wie dies der Präsident der Palästinensischen Autonomiebehörde Mahmud Abbas tut,[23] dann ändert das wenig an der Aussage. Der Vorteil für den Antisemiten ist eindeutig, dass er sich nun für seine Aussagen rechtfertigen kann.

Doch dazu, was genau unter Kritik und was unter Antisemitismus fällt, kommen wir erst im nächsten Kapitel. Allgemein gibt es die IHRA (International Holocaust Remembrance Alliance) -Arbeitsdefinition von Antisemitismus, welche von immer mehr Institutionen angenommen wird und meiner Meinung nach Antisemitismus sehr treffend beschreibt: „Antisemitismus ist eine bestimmte Wahrnehmung von Juden, die im Hass auf Juden Ausdruck finden kann. Rhetorische und physische Manifestationen von Antisemitismus richten sich gegen jüdische oder nicht-jüdische Individuen und/oder ihr Eigentum, gegen Institutionen jüdischer Gemeinden und religiöse Einrichtungen."[24]

Wichtig ist hierbei das Wort „kann". Es geht also nicht um die Handlung, die eine Person ausführt, sondern um ihr Denken. Oft wird daher auch eine überaus positive Besessenheit mit dem Judentum, der sogenannte Philosemitismus, kritisiert, da auch er keine normale Wahrnehmung des jüdischen Volkes darstellt und häufig auf ähnliche Stereotype wie der Antisemitismus zurückzuführen ist.

Wichtig ist bei der IHRA-Definition auch, dass der Staat Israel als jüdisches Kollektiv verstanden werden und damit als Projektionsfläche für Antisemitismus genutzt werden kann.

Wir wissen nun also, wie sich der Antisemitismus entwickelt hat und welche Ursachen er hat. Interessant ist nun der Vergleich mit anderen Formen des gruppenbezogenen Hasses. Dafür nehmen wir uns den Rassismus als markantestes Beispiel heraus.

Folgendes ist eine Definition von Rassismus: „Rassismus ist eine Lehre, die eine hierarchische Unterscheidung von Menschen vornimmt. Grundlage dieser Unterscheidung sind biologische Merkmale, die als wesentliche Voraussetzung für soziale und kulturelle Leistungsfähigkeit sowie für gesellschaftlichen Fortschritt gedacht werden."[25]

Rassismus ist also im Wesentlichen auf äußere Merkmale fokussiert. Doch was genau ist der Grund, dass beispielsweise Menschen anderer Hauptfarbe schlechter behandelt werden? Die Ursache ist auch hier Xenophobie, da es für die menschliche Psychologie typisch ist, das Fremde abzulehnen. Zudem kommt noch der Aspekt, dass die Kulturen Afrikas nicht so hoch entwickelt sind wie die westliche Kultur, wodurch Schwarze oft als „minderwertig" bezeichnet werden. Das hat wiederum soziale Abgrenzung zur Folge, was in Armut und einem tatsächlich niedrigeren Lebens- und Kulturstandard resultiert und für weitere Vorurteile sorgt.

Gegenteilige Formen des Hasses: Antisemitismus und Rassismus

In den USA ist der Rassismus mit der Geschichte der Sklaverei verbunden. Die Ausbeutung von Afroamerikanern wurde mit der angeblichen Unterlegenheit letzterer begründet. Auch nach dem Ende der Sklaverei galten die Nachfahren der Afrikaner als minderwertig.

Da wir nun wissen, auf welcher Grundlage Antisemitismus und Rassismus entstanden sind, können wir versuchen, einen Vergleich zu ziehen. Zunächst einmal zu den Gründen. Der Rassismus ist eindeutig ein Hass, der auf die Vorstellung der Unterlegenheit einer Rasse zurückzuführen ist. Das heißt, man sieht sich im Recht, Gewalt auszuüben, da die Opfer dieser „niedriger" seien.

Damit ist der Antisemitismus genau das Gegenteil: Während der Antisemitismus historisch zwar eine religiöse Begründung hat, wurde diese im Laufe der Zeit mit einer sozialen ersetz: Neid. Das bedeutet, als Antisemit ist man neidisch auf Juden. Daher kommen auch die Verschwörungstheorien und die Selbstlegitimierung der Gewalt.

Insgesamt heißt das: Der Rassismus beruht auf der Vorstellung der Unterlegenheit der diskriminierten Gruppe und äußert sich dementsprechend. Der Antisemitismus wird dagegen mit der vermeintlichen Überlegenheit der Juden begründet. Ein Beispiel, was diesen Sachverhalt verdeutlicht: In der deutschen rechtsextremen Partei NPD gibt es zwei Flügel, den „antisemitischen" und den „antiislamischen". Während der eine die Islamisten als natürliche Verbündete im Kampf gegen das Judentum sieht, hat der andere primär rassistische Ziele. Kein Rassist würde zudem behaupten, dass Schwarze insgeheim die Weltherrschaft besitzen, während wenige Antisemiten sagen würden, dass Juden eine primitive Kultur haben. Auf dieser Grundlage sehen wir uns nun an, wie die Gesellschaft mit diesen Formen des Hasses umgehen sollte.

Stellen wir uns eine Gesellschaft vor, in der jedes Individuum dieselbe Vorstellung teilt, dass alle Menschen gleichberechtigt sind. In einer solchen idealen Gesellschaft hat jeder nicht nur laut Gesetz, sondern auch in der Realität gleiche Rechte. Demzufolge gibt es kein Rassismus und keine negativen Vorurteile, was aber nicht heißt, dass es keine unterschiedlichen Kulturen mit charakteristischen Merkmalen gibt. Diese können bei den Individuen bestimmte Assoziationen hervorrufen, die allerdings in der Regel positiv oder neutral sind und keine Diskriminierung verursachen. Gruppen, die in unserer Gesellschaft häufig diskriminiert werden, würden somit hier absolut gleichberechtigt sein.

Doch was ist mit den Juden? Das jüdische Volk würde natürlich weiterhin mit Gelehrtheit, Finanzen und Macht assoziiert werden, wenn auch ohne negative Konnotation. Das hat allerdings die Folge, dass sich Menschen fragen werden, warum das Judentum einen „hohen Einfluss" hätte. Dies würde ein Gefühl des Neids oder wenigstens der Ungerechtigkeit hervorrufen und somit in Verbindung mit den anfangs neutralen Assoziationen über das Judentum in antisemitischen Theorien gipfeln.

Das bedeutet, dass eine Gesellschaft, die den Rassismus überwunden hat, noch lange nicht behaupten kann, sie hätte keine antisemitischen Individuen. Denn der Hass auf die, die angeblich höher stehen, ist immer stärker als der Hass auf die angeblich Niederen. Außerdem: Der Antisemitismus, der in einer solchen vermeintlich idealen Gesellschaft entsteht, wird gerade diese Idealität zerstören, da das jüdische Volk damit nicht mehr gleichberechtigt ist, was weitere Hierarchievorstellungen nach sich zieht.

Und nun versuchen wir uns eine Gesellschaft vorzustellen, die den Antisemitismus komplett überwunden hat, nicht aber den Rassismus. Eine solche Gesellschaft würde also die Juden als normales Volk betrachten. Das bedeutet, die vermeintlichen „Unterdrücker" werden nicht als solche angesehen. Und wenn man es sogar geschafft hat, die nach eigener Vorstellung „Höheren" zu akzeptieren, warum sollte man nun die „Niederen" unterdrücken? Sicherlich wird der Rassismus nicht ganz verschwinden, aber wenn man die Juden nicht mehr hasst, dann bedeutet das, dass der Gedanke der Gleichberechtigung weit fortgeschritten ist. Insgesamt gilt also: Wenn eine Gesellschaft es schafft, den Antisemitismus zu überwinden, dann werden auch alle anderen Diskriminierungsformen abgeschwächt werden. Der Antisemitismus ist also ein Kernproblem der heutigen Gesellschaft und nicht, wie es so oft behauptet wird, ein rein jüdisches. Will man also Diskriminierung effektiv bekämpfen, sollte man mit dem Antisemitismus anfangen.

Aber wie wirkt sich der Antisemitismus, der schon immer in der Geschichte existierte, auf das jüdische Volk aus? Wir wissen, dass durch die Ausgrenzung Juden bis ins 18.

Jahrhundert und in Osteuropa teilweise sogar bis zur Mitte des 20. Jahrhunderts praktisch keinen nennenswerten Kontakt mit der übrigen Gesellschaft hatten. Dies führte dazu, dass sich das Judentum unabhängig entwickelte und so die Traditionen erhalten werden konnten. Paradoxerweise haben also Antisemiten mit ihrem Handeln dazu beigetragen, dass das Judentum die 2000 Jahre der Diaspora überlebt hat.

Und auch nach der Integration von Juden in die Gesellschaft war der Antisemitismus immer so hoch, dass Juden sich nur unter sich sicher fühlen konnten. Das stärkte das jüdische Volk als Schicksalsgemeinschaft und ermöglichte die Erhaltung der Traditionen. Der Antisemitismus hat also oft zur Folge, dass Juden, die assimiliert werden würden, wenn es den Hass nicht gebe, doch ihrer Kultur treu bleiben. Antisemitismus trägt zum Gegenteil seines Ziels bei. Gäbe es ihn nicht, hätte das jüdische Volk niemals zwei Jahrtausende im Exil überlebt. Mit der Staatsgründung Israels befindet sich ein großer Teil des jüdischen Volkes nicht mehr im Exil und ist auch nicht mehr dem Antisemitismus direkt ausgesetzt. Wie man schon vermuten kann, bringt das Folgen mit sich, welche wir jedoch später klären werden.

Zum Antisemitismus ist zusammenfassend Folgendes zu bemerken: Der Antisemitismus ist eine Jahrtausende alte Erscheinung, die bis zum heutigen Tage existiert und auch weiter existieren wird. Der Judenhass wurzelt darin, dass Juden als „überlegen" angesehen werden, was zu Neid führt. Dieser kommt in Gestalt von Diskriminierung zum Vorschein. Die häufige Klassifizierung, wonach Antisemitismus zum Rassismus zählt, ist also falsch, da letzterer zum Judenhass gegenteilige Gründe und Äußerungen besitzt. Für eine freiheitliche Gesellschaft bedeutet das, dass der Kampf gegen den Antisemitismus zentral sein sollte, denn dieser zieht eine Minderung von anderen Formen der Diskriminierung nach sich. Für das jüdische Volk ist der Antisemitismus immer ein Faktor des Überlebens gewesen. Antisemiten werden daher mit ihren Aktionen nie ihr Ziel erreichen, sondern das Gegenteil: Die Stärkung des jüdischen Volkes.

4. Alter Hass im neuen Gewand: Formen des Antisemitismus

„Der Antisemitismus ist der Sozialismus der dummen Kerls"

-Ferdinand Kronawetter

BERLIN, DER NEUNTE November 2019. Es ist der dreißigste Jahrestag des Mauerfalls – und der 81. der Novemberpogrome von 1938. Am Brandenburger Tor gibt es eine große Veranstaltung mit Videoinstallationen. Im vom ZDF zusammengestellten Programm wird folgender hebräischer Schriftzug gezeigt: „Es reicht mit der Besetzung", gefolgt von „Land ohne Mauern". Später wurde noch die israelische Grenzmauer zu Judäa und Samaria gezeigt, um zu verdeutlichen, worum es geht. Egal wie man zur Existenz der Mauer oder zum Nahostkonflikt steht, eines ist sicher: Die Mauer, die Teile Judäas und Samarias vom israelischen Kernland abgrenzt, hat eine Sicherheitsfunktion und hat nachweislich eine Vielzahl von Terroranschlägen gegen Zivilisten verhindert. Ein staatlicher Sender fordert in Deutschland am Jahrestag der Novemberpogrome den jüdischen Staat auf, seine Sicherheitsinteressen zu vernachlässigen. Der Publizist Gerd Buurmann schreibt dazu: „Diese deutsche Forderung an Israel bedeutet nichts anderes, als dass von Juden erwartet wird, sie mögen am 9. November 2019 gefälligst wieder solche Opfer werden, wie sie es einst am

9. November 1938 waren, als sich Juden noch nicht effektiv verteidigen konnten, weil es kein Israel gab, das zur Not auch mit Mauern und Militär Juden vor der Vernichtung bewahrt hätte."[26]

Später haben die Veranstalter erklärt, es handele sich um ein „Missgeschick". Eine glaubwürdige Entschuldigung ist das nicht. Zudem waren unter den Zuschauern viele hohe Regierungsvertreter, die tatenlos danebensaßen und sich auch später nicht vom Gezeigten distanzierten.

Dies ist lange nicht das einzige „Missgeschick" dieser Art in der jüngsten Geschichte Deutschlands. In ganz Europa nimmt der Antisemitismus in den letzten Jahren spürbar zu. Wir wollen nun herausfinden, welche Formen Antisemitismus haben kann, und wie hoch dieser heutzutage ist.

Der rechte Antisemitismus

Die Art des Antisemitismus, die man üblicherweise als rechtsextrem bezeichnet, kommt von Personen mit nationalistischem oder faschistischem Gedankengut. Diese Form des Antisemitismus ist besonders aggressiv, da der Hass meistens direkt und offen gezeigt wird. Der rechtsextreme Antisemitismus kommt vor allem im europäischen Kulturraum vor. Insgesamt stellt er die Fortführung des klassischen Antisemitismus des 19. Jahrhunderts dar. Somit sind die Vertreter oft Unterstützer des NS-Regimes und damit dem neonazistischen Milieu zuzuordnen.

Diese Form des Antisemitismus bedient sich verschiedener Stereotype über Juden. Zentral sind dabei Theorien über die „jüdische Weltverschwörung" wie sie in den „Protokollen der Weisen von Zion", einer Sammlung gefälschter Dokumente über eine angebliche Weltherrschaft der Juden, stehen. Man strebt eine Ausgrenzung und Vernichtung der Juden an, wie es Neonazis oft selbst formulieren. Häufig wird das wie folgt formuliert: „Juden raus aus Deutschland, Juden raus aus Palästina." Damit wird suggeriert, dass Juden keinen Platz in der Welt hätten.

Wie das Wort „Palästina" nahelegt, arbeiten solche Neonazis oft mit Islamisten oder radikalen arabischen Antisemiten zusammen, da sie dasselbe Ziel verfolgen. Wir wollen uns einen Überblick verschaffen, wie stark der rechtsextreme Antisemitismus in Deutschland ist.

Es gibt in Deutschland einige rechtsextreme Kleinparteien wie die NPD und Die Rechte, die aber auf Bundesebene nie ein Wahlergebnis von über 3% erzielten. Die rechtsextreme Szene befindet sich am Rande der Gesellschaft und ist somit unbedeutend. Das gilt allerdings nicht für ländliche Regionen: Besonders in Ostdeutschland sind neonazistische Kleinparteien populär und haben teilweise großen Einfluss auf Kommunal- und Regionalebene. Das zeigt, dass offen antisemitische Tendenzen bei vielen Bürgern noch vorhanden sind.

In Anlehnung an das Schlagwort der NS-Zeitung „Stürmer" („Die Juden sind unser Unglück.") führte die Partei Die Rechte mit dem Spruch „Zionismus stoppen: Israel ist unser Unglück" 2019 Wahlkampf durch. Dies ist ein häufiges Phänomen: Da antisemitische Parolen in Deutschland offiziell verboten sind, ersetzt man „Juden" durch „Israel", womit die Aussage nicht mehr als antisemitisch gilt. Es ist aber eindeutig, dass es sich hier um Judenhass handelt. Doch wie genau bestimmt man, ob eine Aussage über Israel Antisemitismus oder nur Kritik ist?

Die wohl bekannteste Methode ist der sogenannte 3-D-Test von Natan Scharanski, einem bekannten israelischem Aktivisten. Die drei D's stehen für Dämonisierung, Delegitimierung und Doppelstandards. Falls einer dieser Aspekte auf eine Aussage in Bezug auf Israel zutrifft, kann man von Antisemitismus sprechen. Das Wahlplakat der Rechten ist eindeutig der Dämonisierung zuzuordnen und damit antisemitisch. Mit Delegitimierung ist gemeint, dass man dem Staat Israel das Existenzrecht abspricht. Doppelstandards beziehen sich auf angebliche „moralische Normen" die allerdings nur bei der Kritik Israels zum Einsatz kommen, während sie in Bezug auf andere Staaten nicht angewendet werden. Ein Beispiel dafür ist das Wort „Israelkritik", welches es sogar in den Duden geschafft hat. Hier ist von Doppelstandards die Rede, da es für keinen anderen Staat der Erde ein solches Wort gibt. „Kanadakritik" oder „Syrienkritik" gibt es nicht. Nur für die Juden macht man wieder einmal eine Ausnahme.

Nun wollen wir uns ansehen, was konkret Neonazis über Juden sagen. Dazu nehmen wir als Beispiel einige Aussagen aus einem Interview mit einem Neonazi, welches von einer israelischen Journalistin durchgeführt wurde[27]:

„Schauen sie sich es doch mal an: Wer knechtet denn die Deutschen seit vielen Jahren? Sind es die Palästinenser, die Syrer, die Russen? Es sind die Israelis."

Hier werden die Juden als Sündenbock benutzt. Für alles, was schlecht läuft, macht der Neonazi die Israelis, also die Juden, verantwortlich.

„Wenn man die Jüdische Allgemeine Zeitung liest, dann kann man immer lesen, was in zwei Wochen in der Welt passiert, weil die Juden immer besser informiert sind als andere Presseorgane."

Daran merkt man, wie weit das Denken der Neonazis von der Realität entfernt ist. Obwohl diese Person die Jüdische Allgemeine Zeitung scheinbar gelesen hat, stellt er solche absurden Behauptungen auf. Das liegt daran, dass Rechtsextremisten ein antisemitisches Weltbild haben, welches selbst durch Fakten nicht mehr zu ändern ist. Daher macht es auch keinen Sinn, bei solchen Menschen Überzeugungsversuche zu starten.

„Wenn Sie einen Talmud kaufen, dann fehlen immer die entscheidenden Stellen, in denen steht, dass man Nichtjuden betrügen und ermorden darf. Es sind ja immer Verschwörungstheorien. Aber niemand kann diese Theorien widerlegen."

Wir haben gesehen, dass die uralten Stereotype im Prinzip eins zu eins wiedergegeben werden. Da allerdings solche Menschen und Gruppen eine Randerscheinung sind, sind sie in der Gesellschaft weitgehend isoliert. Die meisten Menschen halten Behauptungen wie die über die Zukunftsvorhersage der jüdischen Presse für unglaubwürdig. Im Sinne der Ausgrenzung von Juden aus der Gesellschaft stellen Rechtsextremisten also keine reale Bedrohung dar.

Allerdings macht die radikale Ideologie diese Form des Antisemitismus in vielen Fällen gefährlicher als andere: Es besteht die Gefahr, dass irgendwann von verbaler zu physischer Gewalt übergegangen wird. Dies hat man beim Anschlag auf die Synagoge in Halle am Jom Kippur 2019 deutlich gemerkt. Der Täter versuchte damals, bewaffnet in die mit Menschen gefüllte Synagoge einzudringen, um einen Massenmord zu verüben. Als Motiv diente auch ihm ein rechtsextremes Weltbild mit der Verschwörungstheorie vom „Weltjudentum" im Vordergrund.

Doch trotz der Gefahr, die von Menschen mit einem solchem gestörtem Weltbild ausgeht, bleiben dies Einzelfälle, welche die gesellschaftliche Situation der Juden nicht verschlechtern.

Anders sieht es beispielsweise in Polen aus: 2015 wurde auf dem Rathausplatz in Breslau eine Puppe verbrannt, die einen orthodoxen Juden darstellen sollte. Immer wieder werden in Polen jüdische Friedhöfe zerstört und andere antisemitische Straftaten begangen, welche so gut wie nie bestraft werden. Das liegt daran, dass Polen ein sehr religiöses Land ist, in dem der mittelalterliche religiöse Antijudaismus noch immer spürbar ist. 56% der Polen würden einen Juden nicht als Familienmitglied akzeptieren, 32% nicht als Nachbar.[28] In Polen ist also der religiöse Antisemitismus, vermischt mit nationalistischen Elementen, ein großes Problem für die Juden.

Auch in Deutschland hat man seit kurzem wieder Angst, dass der nationale Antisemitismus zunimmt. Anlass dafür ist der Aufstieg der rechtspopulistischen AfD. Doch sind diese Befürchtungen berechtigt?

Erst einmal kann man festhalten, dass die AfD in ihrem Parteiprogramm und auch in Äußerungen ihrer Mitglieder ihre Ziele betreffend keine antisemitischen Gedanken formuliert. Daher ist es auch nicht sinnvoll, die AfD als eine antisemitische Partei zu bezeichnen. Es ist generell schwer, Aussagen über die gesamte AfD zu treffen, da sie eine sehr heterogene Partei ist. Es gibt in der AfD sehr rechte Kreise, wie beispielsweise die Anhänger von Björn Höcke, aber auch zentristisch-konservative Mitglieder wie beispielsweise Jörg Meuthen, welche mit rechtem Antisemitismus wenig zu tun haben. Daher kann man auch nicht sagen, dass alle Wähler oder Mitglieder der AfD antisemitisch sind. Da die AfD zur Zeit die einzige große und ernstzunehmende politisch rechte Partei in Deutschland ist, geht das Spektrum ihrer Unterstützer von neonazistischen Kreisen bis zu konservativen Protestwählern, welche von der liberalen Politik der Bundesregierung enttäuscht wurden. Die AfD verfolgt vor allem im Vergleich zu anderen deutschen Parteien eine ausgesprochen israelfreundliche Politik.

Doch die AfD als frei von Antisemitismus zu bezeichnen wäre falsch: Die AfD ist die größte Anlaufstelle für überzeugte rechte Antisemiten. Mitglieder der AfD werden immer wieder durch gewagte Bemerkungen zum Holocaust auffällig. Höcke forderte eine „Erinnerungspolitische Wende um 180 Grad"[29], das Holocaust-Denkmal in Berlin bezeichnete er als „Schande". Eine solche Relativierung des Holocausts ist inakzeptabel und ein deutliches Anzeichen für eine antisemitische Gesinnung Höckes, welche im rechten Flügel der Partei durchaus auf Zustimmung trifft.

Hinzu kommt, dass auch historisch gesehen die Anti-Establishment-Rhetorik, die bei Rechtspopulisten beliebt ist, sehr eng mit antisemitischen Verschwörungstheorien verbunden ist, denn laut letzteren sei das „Weltjudentum" das internationale Establishment. Wenn die AfD-Führung also vom „internationalen Geldmachtkomplex" oder „Dunkelmännern im Hintergrund" spricht,[29] dann ist das dem Vokabular solcher Theorien zuzuordnen.

Antisemitische Mitglieder der AfD äußern ihren Hass also nicht offen, sondern versuchen ihn unkenntlich zu machen. Dies ist meiner Meinung nach vor allem auf die Illegalität und die gesellschaftliche Intoleranz von Volksverhetzung zurückzuführen.

Allerdings ist das Vokabular nicht das einzige Indiz für eine antisemitische Sichtweise: Der Hass auf das

Establishment wird vor allem auf George Soros, einen jüdischen US-amerikanischen Investor, projiziert. Ihm wird der Wunsch in den Mund gelegt, das deutsche Volk zerstören zu wollen. Diese Aussage hat eindeutig antisemitische Tendenzen.

Wir wissen nun: Einige Teile der AfD sind eindeutig antisemitisch, während es andere nicht sind. Daher sollte man mit der Unterstellung von Antisemitismus gegenüber der gesamten Partei vorsichtig sein, da es vielen Mitgliedern gegenüber nicht gerecht ist. Wie wir später sehen werden, ist Antisemitismus in allen deutschen Parteien verbreitet. Zudem sollte man zwar den Hass innerhalb der AfD kritisieren, nicht aber ihre israelfreundlichen Ziele, weil diese „zur Rechtfertigung dienen" würden.

Doch insbesondere der Zentralrat der Juden übt starke Kritik an der AfD und macht fast schon sie allein für den wachsenden Antisemitismus in Deutschland verantwortlich. Das ist aber eine Sichtweise, die so nicht stimmen kann, da die meisten antisemitischen Äußerungen heute aus „gemäßigten" und linken Kreisen kommen. Die AfD ist sicherlich kein Freund der Juden, trotzdem unterscheidet sie sich von anderen Parteien nicht in einem so großen Maße, dass man an ihr besondere Kritik üben muss. Zudem isoliert der Zentralrat, welcher für alle Juden in Deutschland sprechen sollte, zunehmend Juden mit sehr konservativen Ansichten und trägt damit dazu bei, dass sich diese noch stärker mit den kontroversen Ideen der AfD identifizieren. Daher sollte meiner Meinung nach auch der Zentralrat verstärkt darauf achten, was und wie kritisiert wird und welche Auswirkungen das haben kann. Die Idee, dass sich Juden mit den nationalen Ideen der AfD identifizieren könnten, klingt erst einmal paradox. Doch es gibt tatsächlich eine Vereinigung von Juden innerhalb der AfD: Die JAfD. Wir wollen die Frage klären, inwieweit die Organisation in einer teils antisemitischen Partei jüdische Interessen vertritt.

In der Grundsatzerklärung der JAfD[30] ist zu lesen, dass sich die Gründe für die jüdische Unterstützung der AfD auf die Stärkung Deutschlands, welche für eine „gegenseitige Wertschätzung" nötig sei, und den erstarkenden muslimischen und linken Antisemitismus belaufen. Es ist tatsächlich so, dass aus Angst vor Islamismus viele Juden mit konservativeren Parteien sympathisieren.

Interessant ist aber, dass der rechte Antisemitismus, der teilweise aus der eigenen Partei kommt, in der Grundsatzerklärung gar nicht erwähnt wird. Die Frage ist also, ob die AfD tatsächlich gegen jeden Antisemitismus vorgehen möchte. Was ebenfalls seltsam erscheint ist die Tatsache, dass die JAfD von nur 19 Mitgliedern gegründet wurde, und dass bis zum heutigen Tage nur zwei Mitglieder tatsächlich jüdisch sind.[31] Das hinterlässt in jüdischen Kreisen nicht gerade einen seriösen Eindruck. Es besteht der Verdacht, dass die JAfD nur gegründet wurde, um der Partei ein Argument gegen Antisemitismusvorwürfe zu geben. Folgende Aussage des Bundesvorstandsmitglieds der AfD Joachim Kuhs bekräftigt dies: Laut ihm habe man mit der Gründung der JAfD den anderen Parteien das „Spielzeug der Nazikeule" weggenommen.[32] Auch Beatrix von Storch sagte: „Es herrscht blanke Panik im Establishment."[33] Das zeugt davon, dass die JAfD wahrscheinlich nur für das äußere Image der AfD gegenüber anderen Parteien und der jüdischen Gemeinschaft dient.

Die JAfD wird mit provokanten Äußerungen bemerkbar, zum Beispiel schrieb sie über ein Bild von Angela Merkel, auf dem sie bei einer Trauerveranstaltung nach dem Anschlag auf die Synagoge in Halle zu sehen war: „Bundeskanzlerin Dr. Angela Merkel und ihre Fanboys und -Girls haben nur darauf gewartet, sich endlich mal wieder als Beschützer der Juden inszenieren zu können. Wurde auch mal wieder Zeit nach den ganzen islamischen Attacken der letzten Wochen und Monate."[34]

Meiner Meinung nach ist das eine eindeutige Instrumentalisierung und Politisierung des tragischen Ereignisses. Damit wird klar, dass sich Juden genau überlegen sollten, ob sie mit der JAfD sympathisieren wollen. Auch wenn die Behauptung, dass die gesamte AfD antisemitisch sei, einfach falsch wäre, vertritt sie, selbst mit der JAfD, keine jüdischen Interessen.

Kritikwürdig sind allerdings nicht nur die „Juden in der AfD", sondern auch die Reaktionen des Zentralrats. Ratspräsident Josef Schuster meinte, dass auch Juden nicht nur kluge Entscheidungen treffen würden.[35] Verschiedene andere jüdische Aktivisten sahen Parallelen zum Regime des Nationalsozialismus.

Es ist unverantwortlich, die Politik der AfD mit der NSDAP zu vergleichen. Die NSDAP hat die Schoah mit sechs Millionen ermordeten Juden zu verantworten, was keiner gegenwärtigen Partei in Deutschland nahekommt. Mit

Nazivergleichen sollte man generell sehr vorsichtig sein, da man dadurch häufig, wenn auch unbewusst, den Nationalsozialismus relativiert.

Die Aussage von Schuster hingegen ist insofern kritisch zu sehen, als dass damit Juden, die die AfD unterstützen, als „dumm" diffamiert werden. Dies entspricht nicht gerade einer gesitteten Diskussion und ist auch im Sinne des Zusammenhaltes des jüdischen Volkes nicht produktiv. Viel besser wäre es, jüdische AfD-Wähler durch Argumente zu überzeugen, und selbst das sollte nicht die Aufgabe des Zentralrats sein.

Beispiele von Rechtspopulisten in anderen Ländern zeigen, dass die AfD ein vergleichsweise kleines Problem mit dem Antisemitismus hat. Der ungarische Präsident Viktor Orban sagte das Folgende über Soros: „Wir müssen mit einem Gegner kämpfen, der anders ist, als wir es sind. Es kämpft nicht mit offenem Visier, sondern er versteckt sich, er ist nicht geradeheraus, sondern listig, nicht ehrlich, sondern bösartig, nicht national, sondern international, er glaubt nicht an die Arbeit, sondern spekuliert mit dem Geld, er hat keine eigene Heimat, da er das Gefühl hat, die ganze Welt gehöre ihm. Er ist nicht großzügig, sondern rachsüchtig."[33] Stellt man sich vor, dies wäre über das jüdische Volk gesagt worden, muss man das Problem nicht weiter erörtern.

Der rechte Antisemitismus ist, wie wir gesehen haben, auch heute noch vorhanden. In seiner extremen Form ist er gefährlich, weil er von allen Formen des Antisemitismus am gewalttätigsten ist. Doch in Deutschland ist er wenig präsent und somit insgesamt gesehen eine eher kleinere Gefahr. In den

101

rechtspopulistischen Parteien finden Antisemiten leider eine neue Heimat. Allerdings sollte man vorsichtig mit Kritik umgehen und diese nicht zur Diffamierung verkommen lassen. Im Falle der AfD sind es nur Teile der Partei, die einen solchen Hass ausdrücken. Die „Juden in der AfD" sind aller Wahrscheinlichkeit nach größtenteils Show und sollten daher nicht ernst genommen werden, im Gegensatz zu jüdischen AfD-Wählern. Die Reaktionen des Zentralrats sind zu kritisieren, da diese, wie so oft schon gesagt, auch hier spalten und nicht einen.

Der islamische Antisemitismus

Viele Juden in Deutschland fühlen sich bedroht. Immer mehr radikale Muslime trauen sich, ihren Hass gegen Juden offen zu zeigen. Die meisten antisemitischen Straftaten in Deutschland werden von Personen mit nahöstlichem Migrationshintergrund begangen. In diesem Abschnitt wird uns interessieren, warum der Antisemitismus gerade unter Muslimen so stark verbreitet ist, wie sich dieser bei Juden bemerkbar macht und wie stark die Bedrohung ist, die von ihm ausgeht.

Schauen wir uns die Anfänge des Antisemitismus im Islam an, so müssen wir bis auf die Zeiten Mohammeds zurückblicken. Der Islam hat seine Anfänge im 7. Jahrhundert, ist also eine relativ junge Religion und begann während der Diaspora des jüdischen Volkes. Schon Mohammed vertrieb und exekutierte die große jüdische Gemeinschaft in Medina, da sie sich weigerte, den Islam anzunehmen, worauf sich auch heute noch viele Islamisten berufen. In den heiligen Schriften des Islam finden sich zudem Zitate wie das Folgende: „Die Stunde wird nicht eintreten, bis die Muslime gegen die Juden solange kämpfen und sie töten und sich der Jude hinter einem Stein und einem Baum verstecken wird. Da sagt der Stein oder der Baum: O Muslim! O Diener Allahs! Da ist ein Jude hinter mir, so komm und töte ihn!"[36]

Doch diese Passagen hatten lange in der Geschichte keine große Bedeutung. Im Islamischen Kalifat wurden Juden geduldet und nahmen teilweise hohe Positionen ein. Zwar mussten Juden wie andere Nichtmuslime mehr Steuern zahlen und hatten weniger Rechte, waren damit aber keine Ausnahme. Von Antisemitismus kann man hier daher nicht sprechen. Auch das Osmanische Reich hatte ähnliche Regelungen übernommen. Zudem gab es einen persönlichen Erlass des Sultans, mit dem die vertriebenen Sephardim aus Spanien eingeladen wurden, sich auf dem Gebiet des Reiches niederzulassen. Dort erfuhren sie einen weitaus toleranteren Umgang als in Spanien, was auch von geringer Verbreitung des Antisemitismus in der muslimischen Bevölkerung dieser Zeit zeugt. In Bagdad war zum Anfang des 20. Jahrhunderts ein Viertel der Bevölkerung jüdisch. Doch diese Toleranz, die über Jahrhunderte existierte, schien im 20. Jahrhundert vergessen worden zu sein. Was ist also passiert?

Im Ersten Weltkrieg erfuhr das Osmanische Reich eine Niederlage. Die Kolonialmächte Großbritannien und Frankreich beherrschten nun große Teile des Nahen Ostens als Mandatsgebiete. Auch die Sowjetunion gewann vor allem im Iran immer mehr an Einfluss. Die arabische Bevölkerung, die seit Jahrtausenden in Stammesgesellschaften lebte und wenig Kontakt zur westlichen Welt hielt, war mit den neuen Kolonialherren unzufrieden, da sie ihnen fremd erschienen und willkürlich Gebiete aufteilten, die historisch zusammengehörten (zum Beispiel im Sykes-Picot-Abkommen). Zudem begann die jüdische Einwanderung nach Eretz Israel, welche allerdings erst einmal nur für die dort ansässigen Muslime ein Thema war.

Als der Zweite Weltkrieg ausbrach, nutzte das nationalsozialistische Deutschland die Unzufriedenheit der muslimischen Bevölkerung aus, um gegen die Alliierten vorzugehen. Dies wurde vor allem mithilfe von

Radiosendern erreicht, durch welche die Nazis fast ausschließlich Antisemitismus sendeten. Die Sendungen hatten deshalb eine so große Popularität, da zum einen die Deutschen gegen die verhassten Mandatsmächte kämpften und zum anderen der Antisemitismus islamisch-religiös untermauert wurde. Letzteres machte ihn später auch bei vielen Muslimen zum festen Bestandteil ihres Weltbildes. Einem NS-Dokument aus dieser Zeit kann man entnehmen: „Ein Weg, um diese [antijüdische] Entwicklung zu fördern, wäre das klare Herausarbeiten des Kampfes Mohammeds gegen die Juden in alter und den des Führers in jüngster Zeit."[37]

Den Nazis war klar, dass nur so die Propaganda Unterstützung erfahren würde. Hilfreich war ebenfalls, dass die Briten und Amerikaner keine Sendungen oder Überzeugungsversuche gegen die Propaganda starten konnten, da sie damit im Verdacht gewesen wären, die Zionisten zu unterstützen, was ihrem Image in der islamischen Welt noch weiter geschadet hätte. Zudem gab es als arabisches Untergrundradio getarnte Sender, die die antisemitische Ideologie der Nazis noch effektiver verbreiteten.

Die Nazis kooperierten außerdem mit Mohammed Amin Al-Husseini, dem damaligen Großmufti von Jerusalem, und unterstützten ihn finanziell, politisch und militärisch im Kampf gegen die Perspektive eines jüdischen Staates im Nahen Osten. Diese Idee war es, die Hitler und Al-Husseini verband.

Die antisemitische Propaganda der Nazis machte sich auch später bemerkbar: Ein bekannter Hörer von „Radio Zeesen" war Ruhollah Chomeini, der Anführer der islamistischen Revolution im Iran, welche das heutige antisemitische Regime hervorbrachte. Die Ideen des Großmuftis leben bis heute weiter. Das bedeutet, die Nazis haben maßgeblich dazu beigetragen, dass der islamische Antisemitismus entstanden ist. Insofern lebt der Judenhass des Hitler-Regimes im Denken muslimischer Antisemiten fort.

Nun wollen wir uns ansehen, wie hoch der Antisemitismus in der heutigen muslimischen Gesellschaft ist. Das markanteste Beispiel dafür sind wohl die Araber in Judäa und Samaria und im Gazastreifen. Die Regierung in der A- und B-Zone Judäas und Samarias, welche vor allem aus Arafats PLO besteht, ist offen antisemitisch, versucht dies aber im Westen zu verschleiern. Die Hamas, welche im Gazastreifen herrscht, ist sogar noch radikaler. Sehen wir uns einige Beispiele dafür an.

Folgendes sind einige Fälle von Antisemitismus in den palästinensischen Medien, welche, wie wir sehen werden, nicht schwer zu finden sind. Die Aussagen wurden ausschließlich aus palästinensischem Staatsfernsehen oder offiziellen Seiten der Fatah entnommen:[38]

Ein Professor für Koranstudien sagt: „Wenn ein Fisch im Meer mit einem anderen kämpft, bin ich mir sicher, dass die Juden dahinterstecken."

Aus einer palästinensischen Kindersendung: „Ihr wurdet zu Not und Erniedrigung verdammt, oh Söhne Zions."

Aus dem Dokumentarfilm der Fatah „Die Kinder Israels": „In Europa gründete der jüdische Stamm Ghettos aus

Arroganz und Abscheu gegenüber Nichtjuden. Nur wir Juden sind Menschen, alle anderen sind unsere Tiere."
Ein Junge in einer Kindersendung auf die Frage, was er in der Schule gelernt hat: „Bekämpft die Juden, tötet sie und besiegt sie."

Die PA ist somit nicht „moderat", sondern verbreitet gezielt Antisemitismus. Selbst Abbas, der „Präsident Palästinas", äußert sich immer wieder antisemitisch, zum Beispiel sagte er, dass die Juden aufgrund ihres „sozialen Verhaltens" den Holocaust zu verantworten hätten.[39] Das Erschreckende ist, dass selbst bei Kindern antisemitische Gehirnwäsche betrieben wird. Die Verbindung zum nationalsozialistischen Ursprung dieser Form des Antisemitismus ist erkennbar.

Bei Vergleichen mit dem Nationalsozialismus oder ähnlichen Sachverhalten sollte man wie gesagt vorsichtig sein. Doch beim muslimischen Antisemitismus ist es, wie wir gesehen haben, in einigen Fällen historisch und sachlich sinnvoll, die Ideen (und nur diese) mit den der Nationalsozialisten zu vergleichen.

Der muslimische Antisemitismus wird in seinen Ursprungsländern für das jüdische Volk vor allem in der israelfeindlichen Politik bemerkbar. Er ist verantwortlich für die Israelfeindschaft, die viele islamisch geprägte Länder haben. Somit ist der konstante Druck gegen Israel, der beispielsweise vom Iran ausgeht, mit dieser Form des Antisemitismus zu begründen.

Laut einer Studie haben etwa die Hälfte aller Muslime eine antisemitische Einstellung. Im Nahen Osten, wo die NS-Propaganda am aktivsten war, sind es 74%, in den Palästinensergebieten sogar 93%.[40] Bei diesen Zahlen stellt sich die Frage, inwiefern die Flüchtlinge, die vor allem aus solchen Ländern nach Deutschland kommen, den radikalen Antisemitismus mit sich tragen, und inwiefern er sich bemerkbar macht.

Immer wieder werden Juden in deutschen Großstädten auf Arabisch beschimpft, bespuckt und angegriffen. Die Täter sind in solchen Fällen oft Muslime. Das zeigt, dass der muslimische Antisemitismus in Deutschland inzwischen viel präsenter ist als der rechtsradikale. Auch unter Jugendlichen macht sich das leider in extremer Art und Weise bemerkbar. Hier erzählt Eli, was er während seiner Schulzeit in der Oberstufe in Berlin erlebt hat:

„Ich kam auf diese Schule und es war für mich überraschend das 90% der Schüler auch laut der Schulleitung muslimisch waren. Es gab zwei bis drei Deutsche, die sich dann übrigens bei den Arabern integriert haben. Ich weiß noch, dass meine Mutter mir damals gesagt hat: „Eli, diese Schule wird das beste Training für dein Leben werden." Sie hat Recht behalten. Ich bin da nicht hingegangen und habe gebrüllt: Hey, ich bin Jude. Doch es kam irgendwie trotzdem raus.

Es hat sich wie ein Feuer herumgesprochen. Als ich über den Schulhof gelaufen bin, habe ich die Leute auf Arabisch reden hören, und habe nur „Yahudi" – Jude – verstanden. Sie dachten, ich würde das nicht verstehen. Doch damals war es noch nicht gefährlich, denn man hat noch nichts gegen mich unternommen. Man verhielt sich so, wie man halt mit einem Alien vom Mars beziehungsweise vom fremden Planeten Zion umgeht. Interessanterweise wurde ich nie gefragt, ob ich Jude bin, sondern man fragte, ob ich Zionist bin. Ich habe immer zurückgefragt: Was ist denn Zionismus? Ich habe nie eine Antwort erhalten."

Das ist ein großes Problem: Viele Muslime verbinden mit Zionismus etwas Grauenhaftes, was die Folge von Verschwörungstheorien ist, ohne zu wissen, dass es sich um nichts weiter als die Idee eines jüdischen Staates handelt.

„Es gab die Situation, als ich an einem Schultheaterprojekt teilgenommen habe. Nach der Aufführung stand ich mit meiner Mutter im Flur. Dann kam ein Libanese und sagte uns ins Gesicht: „Euch Juden, Zionisten, Israelis, euch allen gehören die Köpfe abgeschnitten."

Meine ganze Politik dort beruhte auf Deeskalation. An anderen Stellen habe ich aber lieber nichts gesagt. Wir hatten beispielsweise einen Afghanen im Kurs, mit dem ich sonst nie Probleme hatte. Im Politikunterricht saß er hinter mir und vor mir saß ein Palästinenser. Er hat zu dem Palästinenser gerufen: „Hey, du da, du hast kein Land mehr, der Jude da hat dir dein Land geklaut." Der Afghane hat übrigens nie Israel oder Palästina gesagt, er sprach immer von „Yahudistan".

So wirklich eskaliert ist das aber erst an Chanukka 2017. Ich saß in der Mensa, als eine Gruppe von Arabern auf mich zukam. Sie sagten, dass sie über die Botschaftsentscheidung von Donald Trump diskutieren wollten. Ich wusste, dass es nervig werden wird, aber ich sagte: Okay, lasst uns reden. Es ging ungefähr zwei Minuten wirklich um die Botschaft, und dann kam das Übliche: Ihr Juden habt den Palästinensern das Land geklaut, wo kommt ihr eigentlich her, wir werden euch vernichten. Eskaliert ist das dann, als ich gesagt habe, dass ich meine Ruhe haben möchte. Dann sind sie aufgestanden und eine Person hat gesagt: „Wallah, Adolf Hitler war ein guter Mann, denn er hat die Juden umgebracht." Ich war etwa fünfzehn Sekunden unter Schock. Dann bin ich aufgestanden, bin durch die Mensa gelaufen und habe gerufen: Diese Person glorifiziert den Massenmord an sechs Millionen Juden, diese Person nennt Adolf Hitler einen guten Mann. Daraufhin sind von allen Seiten die Leute auf mich zugestürmt, haben mich gepackt, bespuckt, haben gerufen „Israel ist der Mörder", ein Araber hat mich gepackt und weggetragen.

Dann bin ich zur Schulleitung gegangen und habe das erzählt. Dort sagte man, dass das, was passiert ist, nicht geht, das sei nicht in Ordnung. Aber das war es auch. Mehr ist nicht passiert, weil die Lehrer Angst vor den Schülern und ihren Clans hatten. Später habe ich dann einen eigenen Ein- und Ausgang und Pausenraum bekommen, anders ging es halt nicht.

Doch auch nachdem ich die Schule beendet hatte, hörte es im Alltag nicht auf. Meine Mutter und ich waren in einem guten Berliner Stadtteil spazieren. Ich hatte eine Kippah auf. Da kam ein Araber von hinten an, hat uns auf Arabisch zusammengeschimpft, er hat kein Deutsch verstanden. Er war wahrscheinlich Flüchtling. Auch das ist heute Alltag in Deutschland."

Der linke und bürgerliche Antisemitismus

„Linker Antisemitismus ist unmöglich" behauptete der linke Schriftsteller Gerhard Zwerenz.[41] Er begründete dies damit, dass der Antisemitismus „rechts, national, biologisch, rassistisch" sei. Wie wir aber bereits wissen, ist Antisemitismus nach der IHRA-Arbeitsdefinition eine spezielle Wahrnehmung von Juden, die nicht unbedingt auf eine Ideologie oder politische Auffassung begrenzt oder zurückzuführen sein muss.

Somit kann linker Antisemitismus prinzipiell möglich sein. Tatsächlich hört man von Vertretern der linken Szene immer wieder antisemitische Äußerungen, so zum Beispiel vom Spiegel-Kolumnisten Jakob Augstein (Kolumne: „Im Zweifel links"), der es aufgrund seiner Äußerungen auf die Liste der zehn gefährlichsten Antisemiten des Simon-Wiesenthal-Centers geschafft hat. Doch wie kommt es, dass Linke, die sich für mehr Soziales und Gleichberechtigung in der Gesellschaft einsetzen, häufig antisemitische Gedanken haben?

Die Denkweise hier ist ähnlich zum Phänomen der hypothetischen Gesellschaft aus Kapitel drei, die keine Diskriminierung kennt. Durch den Gedanken der totalen Gleichberechtigung entsteht eine Feindschaft zum kapitalistischen System und somit zum „Finanzkapital" und zur „Elite". Und damit landen wir sehr schnell wieder bei den Stereotypen über das jüdische Volk.

Der linke Antisemitismus hat eine andere Ausdrucksweise als der aggressiv-offene rechte oder islamische Antisemitismus. Es wird nicht behauptet, dass die Juden an allem schuld seien, sondern „Israel", das

„Weltfinanztum" oder die „Investoren an der Wall Street". Insofern gibt es ideologische Parallelen zum rechten Antisemitismus. Nicht selten sieht man linke und rechte Antisemiten zusammen mit Islamisten auf antisemitischen Demonstrationen, wie beispielsweise dem „Al-Quds-Tag".

Der linke Antisemitismus ist aber insgesamt versteckter, man versucht sich mit geschickten Formulierungen nicht strafbar und salonfähig zu machen. Genau das ist das gefährliche am linken Antisemitismus: Er ist gesellschaftlich weitgehend akzeptiert, weil er fast schon alltäglich ist. Die Grenze zwischen legitimer Kritik am Kapitalismus oder an Israel und Antisemitismus ist eine Grauzone. Für die Aussagen über Israel gibt es die uns schon bekannte 3-D-Methode. Allgemein kann man aber feststellen, dass Kritik dann antisemitisch wird, wenn sie antisemitische Narrative benutzt, dem jüdischen Volk zu viel Einfluss zuschreibt oder Anspielungen darauf macht (beispielsweise durch „jüdisch-klingende" Namen).

Um ein Beispiel zu nennen: Wenn man einen jüdischen Investor kritisiert, weil er zum Beispiel Arbeiter ausbeute, dazu belege findet und in der Argumentation keine Stereotype benutzt, handelt es sich dabei um legitime Kritik. Wenn man allerdings diesem Investor die Teilnahme in einer Verschwörung des Weltfinanz(juden)tums vorwirft, dann kann man von antisemitischem Vokabular sprechen.

Außerdem ist es ein Indiz für Antisemitismus, wenn sich sich fast schon manisch mit Juden oder ähnlichen Themen beschäftigt wird. Wenn also ein Journalist wie Augstein fast jeden dritten seiner Artikel über das Thema

Israel verfasst, ohne dass das Thema eine besondere Rolle für ihn persönlich spielt, kann das ein Anzeichen für Antisemitismus sein. Auch wenn die deutsche Presse permanent über den Nahostkonflikt redet, ohne über andere, viel wichtigere Konflikte in Afrika zu berichten, ist das schon auffällig.

Doch auch linker Antisemitismus kann gewalttätig werden: 1970 wurde durch Linksradikale ein jüdisches Seniorenheim in München angezündet, beim Anschlag starben sechs Menschen, unter ihnen auch Schoah-Überlebende. Von Seiten linksradikaler Gruppen wurde die Schuld dafür den „Zionisten" zugeschoben. Bei der Flugzeugentführung 1976 in Entebbe durch deutsche radikale Linke wurde gezielt in Juden und Nichtjuden unterteilt. Nur die Juden behielt man als Geiseln.

Das Problem jedoch, welches wir heutzutage haben, ist, dass die ursprünglich linke Form des Antisemitismus zur bürgerlichen geworden ist und gesellschaftlich toleriert wird, und zwar auf allen Ebenen: Der des Volkes, der Medien, des Staates und der supranationalen und intergouvernementalen Organisationen.

Zunächst sehen wir uns die Situation auf der Volksebene an. Laut Statistiken denken etwa 15% der Deutschen und 24% der Westeuropäer antisemitisch.[40] Das mag erst einmal nicht nach viel klingen, allerdings ist die Umfrage mit direkt auf Juden bezogenen Fragen geführt worden (zum Beispiel: Haben Juden zu viel Kontrolle über globale Angelegenheiten?, etc.).[42] Das bedeutet nur, dass 15% der Deutschen bereit sind, ihre antisemitischen Ideen zu äußern. Da der Antisemitismus aber eine Wahrnehmung ist, muss sie nicht geäußert werden. Ersetzt man „Juden" durch „Israel", dann kommen ganz andere Zahlen heraus. 2015 waren 41% der Deutschen der Auffassung, dass die israelische Politik in Bezug auf die Palästinenser mit der des Nationalsozialismus in Bezug auf die Juden gleichgesetzt werden könne.[43] Diese Aussage ist nach der 3-D-Methode eindeutig antisemitisch, da sie Israel dämonisiert.

70% der deutschen Bevölkerung denken, dass Israel seine Interessen ohne Rücksicht auf andere Völker verfolge.[43] Es ist schwierig zu beurteilen, ob diese Aussage antisemitisch ist, jedoch zeugt sie in jedem Fall von einem verzerrtem Israelbild.

Wir können allein aufgrund dieser Umfrage feststellen, dass mindestens 41% der Deutschen antisemitische Gedanken haben. Illustriert wird das beispielsweise durch ein Interview,[44] welches ich mit einem Schüler der neunten Klasse geführt habe. Dieser behauptete, dass die Israelis „selbst schuld am Terror" seien, welchen er als „verständlich" bewertete. Zudem war er der Meinung, dass Israel „das Land von Anderen" stehle, weil „niemand Israel haben will".

Dies ist eindeutig israelbezogen-antisemitische Polemik. Das erschreckende ist, dass diese von einer Person im Kindesalter kommt, was an deutschen Schulen leider lange kein Einzelfall mehr ist. Immer wieder erfahren jüdische Schüler an öffentlichen Schulen antisemitisches Mobbing und das Wort „Jude" wird als Beleidigung genutzt. Lehrer tendieren häufig dazu, wenig dagegen zu unternehmen, was beim aktuellen Niveau des Antisemitismus in Deutschland wenig überraschend ist. Dieses Verhalten zeugt von einer stillen Toleranz des

Hasses, welche sich auch bei antisemitischen Straftaten auf der Straße bemerkbar macht: Nur selten greift jemand ein, wenn Personen aufgrund ihrer jüdischen Identität angegriffen werden.

Insgesamt ist also der Antisemitismus in der deutschen Bevölkerung ein meist passiver, häufig unbewusster Hass. Unbewusst meint, dass die Antisemiten sich selbst nicht als solche sehen, aber dennoch antisemitische Stereotype benutzen. Gefährlich ist das deshalb, weil im Falle einer antijüdischen Aggression diese stillschweigend akzeptiert und keine Hilfe geleistet wird.

Der deutschen Bevölkerung steht also ein wahrscheinlich unendlich langer Kampf bevor, um den Judenhass zu überwinden. Doch dazu muss erst einmal die Quelle solcher Gedanken reformiert werden. Woher kommt der Antisemitismus also?

Es wäre ein Irrglauben zu denken, dass der Antisemitismus mit der Befreiung von 1945 verschwunden sei. Die Regierungen waren nun zwar nicht mehr offen antisemitisch, aber es war unmöglich, den Antisemitismus aus der Bevölkerung herauszubekommen. Der Antisemitismus existierte immer in einer großen Zahl von deutschen Familien, mal war er offen, mal nicht. Die Quelle der Gedanken ist also zum Großteil die Gesellschaft selbst.

Zum anderen verschärfen die deutschen Medien die Situation: Die Berichterstattung über Israel ist in der Presse und im Fernsehen sehr einseitig. Es wird meist nur über angebliche Verstöße gegen die Menschenrechte von israelischer Seite geredet, nicht aber über palästinensischen Terror, welcher oft die Gewalt auslöst.

Auffällig ist zudem, dass über Israel in einem Ausmaß berichtet wird, welches nicht im Verhältnis zur Relevanz des Themas steht. Es gibt so gut wie keine größere Zeitung, Sender oder Nachrichtenportal in Deutschland, welches positiv oder wenigstens neutral über die israelische Politik und Gesellschaft berichtet. Problematisch ist dabei, dass der Großteil der Bevölkerung meiner Meinung nach nicht zwischen der Politik oder Regierung und der Bevölkerung eines Lanes unterscheiden kann. Das heißt, wenn die israelische Politik kritisiert wird, kommt im Volk häufig an: „Die Juden unterdrücken die Palästinenser", was die antisemitischen Vorurteile stärkt und festigt.

Das soll nicht bedeuten, dass die israelische Politik nicht kritisiert werden darf. Im Gegenteil: Es ist wichtig, dass journalistische Kritik geübt wird, damit eine Kontroverse und Diskussion in der Gesellschaft entsteht. Doch damit es diese gibt, müssen andererseits verschiedene Meinungen vertreten sein, was in Deutschland leider nicht der Fall ist. Alles andere führt zu einem verzerrten Bild von Israel und dem jüdischen Volk in der Gesellschaft.

Schon die Schlagzeilen geben die Voreingenommenheit der deutschen Medien wieder. Titel wie „Vier Palästinenser vom israelischen Militär getötet"[45] oder „Israel greift nach Raketenbeschuss Gaza an"[46] erwecken beim Leser den Eindruck, dass Israel der Aggressor sei, was dann oft mit dem gesamten jüdischen Volk verbunden wird. Zudem stellt sich beim Lesen des Artikels heraus, dass die Palästinenser getötet wurden, weil sie Zivilisten umbringen wollten und dass die israelischen „Angriffe" gegen Terroristen ausgeführt wurden. Der erste Eindruck vom Titel aber bleibt.

Generell ist ein großes Problem, dass wichtige Fakten oft weggelassen oder sogar Falschinformationen verbreitet werden. Sehen wir uns das an einigen Beispielen der Internetseite der Kindernachrichtensendung „Logo" des ZDF an. In einem Artikel über Israel steht: „[Die Palästinenser] wollten ihr Land nicht hergeben, weil sie dort zuhause waren."[47] In einem anderen Video wird erklärt: „Als das Land gegründet wurde, lebten auf dem Gebiet viele Araber. [...] Obwohl sie seit hunderten Jahren dort lebten und sich zuhause fühlten, wurden die Palästinenser [...] vertrieben."[48]

In einer Sendung, die betont für Kinder gemacht ist, werden also Falschinformationen verbreitet. Tatsächlich wurden die Palästinenser nicht vertrieben, das Land wurde zum Großteil von den jüdischen Einwanderern gekauft. Zudem wird durch die Wortwahl („zuhause fühlten") gezielt versucht, ein Gefühl von Ungerechtigkeit zu erzeugen. Zusammen mit der Information, dass die Einwohner Israels Juden „aus aller Welt" seien, kommt heraus, dass sich die Juden ungerecht verhalten würden. Das ist jedenfalls das, woran sich die Kinder erinnern werden.

Immer wieder kommt es in Kindernachrichten zu unlogischen Schlussfolgerungen und Lügen in Bezug auf Israel, wodurch bei den Kindern antisemitische Vorurteile erzeugt und gestärkt werden.

Doch nicht nur bei Kindern. Neben den einseitigen Nachrichten wird in vielen Zeitungen auch eindeutig antisemitische Polemik veröffentlicht. In einem Artikel des Spiegels[49], der auch vom Zentralrat als antisemitisch eingestuft wird, wird auf skurrile Verschwörungstheorien zurückgegriffen. Im Artikel geht es darum, dass jüdische Lobbyisten auf die Entscheidung des Bundestages, die Organisation BDS als antisemitisch einzustufen, Einfluss genommen hätten. Es entsteht der Eindruck, dass die offensichtlich antisemitische BDS, deren Ziel die Zerstörung Israels ist, gerechtfertigt wird.

Es wird erklärt, dass einige Lobbyisten, aus Organisationen wie beispielsweise dem Nahost-Friedensforum oder der Werteinitiative „aggressiven" Einfluss auf politische Entscheidungen nehmen würden. Dass das besonders betont wird, ist meiner Meinung nach nicht ganz verständlich, da Lobbyismus zum demokratischen System gehört. Die Begründung: „Es ist nicht ungewöhnlich, dass Vereine versuchen, Parlamentariern ihre Interessen und politischen Vorstellungen nahezubringen. Bemerkenswert aber ist, wie groß der Einfluss dieser beiden Vereine ist, die relativ klein und einer breiteren Öffentlichkeit kaum bekannt sind. Vor allem aber sind manche ihrer Methoden höchst fragwürdig."

Wieder einmal: Der kleine Kreis der jüdischen „Dunkelmänner" versuche mit fragwürdigen Methoden, Einfluss auf die Politik zu nehmen. Später wird ohne jegliche Beweise behauptet, dass das Nahost-Friedensforum von Israel subventioniert werde und die Interessen Israels durchsetzen solle. Es wird behauptet, dass „selbst der Geheimdienst Mossad" involviert sei. Das klingt verdächtig ähnlich zu den Theorien der „jüdischen Weltverschwörung". Um noch einmal zu reflektieren: Es geht im Artikel um den Parlamentsbeschluss, Antisemitismus stärker entgegenzuwirken. Insofern ist die Intention des Artikels, diesen Beschluss zu kritisieren, wozu Argumente aus antisemitischen Verschwörungstheorien verwendet werden.

Im Spiegel und auch in anderen Medien erscheinen relativ häufig solche problematischen Artikel, so wurde 2016 ein palästinensisches Kind, welches israelische Soldaten angreift und das zu judenfeindlichen Propagandazwecken nutzt, als „eine kleine Jeanne d'Arc des palästinensischen Widerstandes"[50] bezeichnet. So etwas zeigt, dass die deutsche Presse maßgeblich zum alltäglichen bürgerlichen Antisemitismus meistens in seiner israelbezogen Form beiträgt.

Doch wie positioniert sich der Staat und die Regierung zum bürgerlichen Antisemitismus und inwiefern ist dieser dort verbreitet?

Die deutsche Regierung positioniert sich öffentlich natürlich gegen Antisemitismus. Jedoch hat das Verhalten von einigen Regierungsmitgliedern schon oft daran zweifeln lassen: Als Mahmoud Abbas seine Brunnenvergifterrede im EU-Parlament hielt, applaudierten auch deutsche Abgeordnete. Beim bereits erwähnten Eklat um die Mauerfall-Veranstaltung äußerte ebenfalls kein Politiker Kritik. Das lässt darauf schließen, dass es die deutsche Regierung wahrscheinlich doch nicht so ernst mit der Antisemitismusbekämpfung meint.

Die ehemalige Menschenrechtsbeauftragte der Linken Annette Groth sagt: „Letztendlich schadet sich Israel [mit der Zerstörung der Trinkwasserversorgung in Gaza] selbst, weil Tonnen von Chemikalien jetzt ins Meer kommen. Das ist das Mittelmeer, das geht weiter. Und da sind Tonnen an toxischem Material drin."[51]

Im Prinzip ist das das antisemitische Narrativ von den jüdischen Brunnenvergiftern im größeren Maßstab. Groth war mit anderen Bundestagsabgeordneten 2010 auf einem Konvoi nach Gaza zusammen mit Terroristen unterwegs, die versuchten, illegal nach Gaza einzureisen. Aber auch in der deutschen Diplomatie gibt es Antisemitismus: Ein deutscher Diplomat sagte einmal offen zu mir, dass seiner Meinung nach der Staat Israel durchaus mit dem Apartheid-Regime in Südafrika vergleichbar sei. Das ist nach der 3-D-Methode im Sinne der Dämonisierung wie auch der Doppelstandards eine eindeutig antisemitische Aussage.

Zudem spendet die deutsche Regierung immer wieder hohe Beträge an die Palästinensische Autonomiebehörde. Das Geld gelangt nachweislich zum Großteil in die Hände von Terroristen, die jüdische Zivilisten umbringen. Obwohl diese Fakten allgemein bekannt sind, hört Deutschland nicht auf, das Steuergeld seiner Bürger für Terrorfinanzierung auszugeben, was viele Fragen aufwirft. Selbst Abbas hat zugegeben, dass die PA „Löhne den Familien der Märtyrer" zahlt.[52] Die einzige Erklärung ist, dass die deutsche Regierung es nicht für nötig hält, diese Zahlungen einzustellen, vermutlich aus antisemitischen Gründen.

Man könnte noch viele weitere Beispiele nennen, eines allerdings ist sicher: Auch die deutsche Regierung ist nicht frei von Antisemitismus, sondern lebt diesen, wenn auch oft unmerkbar und passiv, in der israelbezogenen Form aus.

Zum Schluss wollen wir noch den Antisemitismus auf überstaatlicher Ebene betrachten. Besonders interessant ist hierbei die UN: Etwa 46% aller UN-Resolutionen betreffen Israel, während es zu Syrien gerade einmal eine und zu Simbabwe, welches Kindersoldaten in Kampfhandlungen einsetzt, gar keine gibt. Auch wenn es in Israel einen Konflikt gibt: Die Anzahl und Forderungen der Resolutionen, welche oft mit einem Abbau von Terrorbekämpfung gleichzusetzen sind, stehen in keinem Vergleich zur Bedeutung dieses Konfliktes, besonders im Vergleich zu anderen Krisen. Man kann allein an der Anzahl der Resolutionen sehen, dass hier eindeutig Doppelstandards in Bezug auf Israel vorliegen.

Die UN möchte einen palästinensischen Staat in den Grenzen von 1967, was aber in der heutigen Situation kaum mehr möglich erscheint. Über die Zwei-Staaten-Lösung kann man diskutieren, allerdings müsste auch sie der heutigen Situation angepasst werden. Die UN dagegen betrachtet einen veralteten Vorschlag als ultimative Lösung und nutzt diesen, um Israel kritisieren zu können, was durchaus antisemitische Tendenzen aufweist.

In einer Resolution von 1975 heißt es zudem, dass Zionismus eine Form von rassistischer Diskriminierung sei und somit beendet werden solle. Über Antisemitismus ist in der Resolution, welche allgemein über Diskriminierung verfasst wurde, nicht die Rede.

Der Umgang der UN mit palästinensischen Flüchtlingen ist ebenfalls fragwürdig: Während für alle anderen Flüchtlinge auf der Welt die Teilorganisation UNHCR zuständig ist, haben palästinensische Flüchtlinge mit der

UNRWA als einzige Gruppe eine eigene Hilfsorganisation. In den Flüchtlingslagern der UNRWA wird ungehindert Antisemitismus und Terrorpropaganda verbreitet. Zudem sind die Palästinenser die einzigen, deren Flüchtlingsstatus vererbbar ist: Während Nachkommen eines Flüchtlings im Normalfall nicht mehr als Flüchtlinge gelten, wird laut der UN beispielsweise selbst der Urenkel eines arabischen Flüchtlings aus Palästina von 1948 als Flüchtling angesehen. Mittlerweile gibt es laut UNRWA etwa fünf Millionen solcher „Flüchtlinge", deren Rückkehr gefordert wird. Praktisch fordert die UN damit die Auflösung des Staates Israel.

Auch hier: Für die ganze Welt gilt das eine, für Israel und die Juden das andere.

Der Antisemitismus existiert also auch auf überstaatlicher Ebene. Wir haben gesehen, dass der linke und bürgerliche Antisemitismus fest in der deutschen und internationalen Gesellschaft verwurzelt ist, wobei auch die Regierung und andere wichtige Institutionen keine Ausnahme bilden. Der Kampf gegen den Antisemitismus wird in Deutschland nur halbherzig geführt, nicht weil es zu wenige Gedenkveranstaltungen oder ähnliches gibt, sondern weil der Antisemitismus in der Presse, im Parlament und in der Regierung ungehindert existieren kann. Damit ist diese Form des Hasses die gefährlichste für die Juden in Deutschland, da sie zwar heutzutage unscheinbar ist, aber viel größere Ausmaße hat als der rechte Antisemitismus besitzt. Und wie die Geschichte bestätigt kann aus diesem passiven Hass sehr schnell ein aktiver werden.

Initiativen gegen Antisemitismus

Uns interessiert nun, was gegen diesen starken Antisemitismus unternommen wird. Speziell kann man zwischen jüdischen und nichtjüdischen Initiativen unterscheiden, da diese aus unterschiedlichen Gründen resultieren: Juden kämpfen gegen Antisemitismus, weil dieser sie direkt betrifft und angreift, während nichtjüdische Aktivisten meist aus politischer Überzeugung Initiative ergreifen.

Was wird gegen den Antisemitismus von jüdischer Seite aus getan? Es gibt diverse Organisationen in Deutschland, die direkt gegen Antisemitismus arbeiten. Die wichtigste ist wahrscheinlich die Recherche- und Informationsstelle Antisemitismus (RIAS), welche versucht, alle antisemitischen Vorfälle in Deutschland zu erfassen. Zudem leistet man Opfern von Antisemitismus Hilfe. Weitere wichtige Organisationen sind das Jüdische Forum für Demokratie und gegen Antisemitismus (JFDA), welches ebenfalls Antisemitismus dokumentiert und Aufklärungsarbeit und Prävention von Antisemitismus betreibt, und Amcha, welche Hilfe für Betroffene leistet. In jüdischen Gemeinden gibt es fast immer Antisemitismusbeauftragte, welche sich um Vorfälle kümmern. Zudem gibt es in so gut wie allen jüdischen Organisationen Projekte zu Antisemitismus. Unterstützt werden solche Projekte vom Staat Israel und der Jewish Agency for Israel, welche große Summen in Aufklärungsarbeit investieren. Auch gibt es in vielen Ländern Gesandte der Jewish Agency, welche versuchen, das Israelbild, primär an Hochschuleinrichtungen, zu verbessern.

Doch besonders wichtig und effektiv sind meiner Meinung nach nicht die Projekte, die versuchen, mit Fakten zu überzeugen, denn Antisemitismus beruht nicht auf Fakten oder rationalen Vorstellungen, und somit sind diese auch bei der Bekämpfung wenig nützlich. Hass ist eine Emotion und muss mit positiven Emotionen bekämpft werden. Nur so kann sich das Bild von Juden wandeln. Wichtig sind daher Projekte, die einen Austausch von Juden und Nichtjuden ermöglichen. Häufig haben Antisemiten in ihrem Leben keinen einzigen Juden getroffen und haben daher falsche Vorstellungen.

Ein Projekt, welches solche Begegnungen ermöglicht, ist „Meet a Jew", welches 2020 aus einer Kooperation von „Likrat" des Zentralrats und „Rent a Jew" der Jewish Agency entstanden ist. Die Idee ist, dass man jüdische Jugendliche und Erwachsene einladen kann, die dann über ihren Alltag erzählen. Ziel ist es nicht, auf Antisemitismus aufmerksam zu machen, sondern zu zeigen, dass Juden sich nicht großartig von anderen Völkern unterscheiden und damit die Wahrnehmung von Juden zu normalisieren. Vorrangig werden Begegnungen an Schulen organisiert, was sinnvoll ist, denn die Aufklärung sollte so früh wie möglich beginnen. Zu kritisieren ist allerdings, dass die Organisation aus politischen Gründen keine Einladungen der AfD annimmt, obwohl es gerade dort viele Personen gibt, die eine solche Veranstaltung dringend nötig haben. Die praktizierte Ablehnung könnte dagegen ihren

Antisemitismus noch weiter stärken. Eine solche Politik ist also kontraproduktiv.

Eine weitere wichtige Initiative wird von der Europäischen Janusz Korczak Akademie (EJKA) betrieben, welche ebenfalls Begegnungen zwischen Jugendlichen mit unterschiedlichen Hintergründen fördert. Darunter sind vor allem Juden und Muslime, was wichtig ist, um den islamischen Antisemitismus abzubauen. „Youth Bridge" in München versucht somit, durch Begegnungen und Zusammenarbeit Vorurteilen und Hass entgegenzuwirken.

Neben den jüdischen gibt es auch deutsche Initiativen, diese haben aber meiner Meinung nach einen leider sehr geringen Umfang.

Es gibt seit kurzer Zeit einen Beauftragten für Antisemitismus des Bundes. Es ist zwar eine nette Geste, einen solchen einzuführen, allerdings kann dieser meiner Meinung nach wenig ausrichten. Zudem ist die Regierung selbst, wie wir gesehen haben, nicht frei von Antisemitismus. Dagegen gibt es Organisationen wie die Amadeu-Antonio-Stiftung, welche eine bedeutende Rolle beim Kampf gegen den Antisemitismus spielt. Von ihr werden beispielsweise auch die Aktionswochen gegen Antisemitismus organisiert.

Weiterhin gibt es Aktionen, bei denen viele Deutsche versuchen, ihre Solidarität mit Juden zu bekunden, so zum Beispiel die Initiative „Berlin trägt Kippah", eine Art Demonstration, bei der die Besucher Kippot tragen. So etwas hat zwar große symbolische Wirkung, ist aber nicht wirklich hilfreich. Wenn die Gesellschaft wirklich effektiv etwas gegen Antisemitismus unternehmen möchte, dann hilft das Tragen von Kippot nicht. Viel besser wäre es, wenn Bürger endlich Antisemiten daran hindern, in Großstädten Juden anzugreifen oder sich für mehr Begegnungen einsetzen würden. Die Verhinderung eines Angriffes wäre eine wahre Solidaritätsbekundung. Doch das passiert von nichtjüdischer Seite immer noch zu selten.

Doch ist es noch möglich, den immer weiter wachsenden Antisemitismus in Deutschland zu stoppen? Eli, der selbst Antisemitismus in extremer Form erlebt hat, sagt: „Es heißt oftmals, es ist fünf vor zwölf. Das ist falsch, es ist bereits lange nach zwölf. Es ist bereits zu spät. Das einzige, was wirklich noch helfen kann ist nicht, in den Schulen zu sagen, dass jüdische Mitbürger bei uns willkommen seien, sondern man müsste etwas groß Angelegtes organisieren, von der Bundesregierung, um Begegnungen zu fördern. Zum Beispiel Schüleraustauschprogramme Deutschland-Israel und eine deutsch-israelische Freundschaft etablieren. Mit Frankreich hat man es schließlich auch geschafft, den Hass auf diese Weise zu bekämpfen."

Wichtig ist hierbei, dass ein klarer Fokus auf Israel gelegt wird, denn der größte Teil des heutigen Antisemitismus ist israelbezogen und richtet sich als Antizionismus gegen das jüdische Kollektiv in Form eines Staates. Somit ist es wichtig, dass auch Nichtjuden eine solche Initiative gegen den Antisemitismus ergreifen und ein positives, wahrheitsgetreues Israelbild vermitteln, denn nur so kann der erste Schritt zu einer Gesellschaft aussehen, in der Hass keinen Platz hat.

Der Antisemitismus ist heute ein großes Problem. Er kommt sowohl von rechts, als auch aus islamischen Kreisen und von links. Der rechte Antisemitismus ist ein Problem, allerdings wird er nur von einer kleinen Randgruppe vertreten. Die gesamte AfD als antisemitisch zu bezeichnen würde nicht der Wahrheit entsprechen, allerdings gibt es auch dort in vielen Kreisen Judenhass. Die Seriosität der JAfD ist fragwürdig, allerdings sollten Juden, die sich mit der AfD identifizieren, nicht von der jüdischen Gemeinschaft ausgeschlossen werden, denn auch ihre Meinung ist genauso legitim wie jede andere.

Der islamische Antisemitismus bedient sich der Ideen der Nationalsozialisten. Er wird voraussichtlich auch in Deutschland weiter steigen, und ist aufgrund seiner Aggressivität ein ernsthaftes Problem.

Der bürgerliche linksgerichtete Antisemitismus ist tief in der Gesellschaft verwurzelt, sowohl im Staat und im Volk als auch in den Medien. Dieser ist gefährlich, da er das Potential hat, Juden gesellschaftlich auszugrenzen. Oft benutzt der heutige Antisemitismus den Deckmantel der Kritik an Israel, jedoch ist Antizionismus die moderne Form des Antisemitismus und sollte auch so wahrgenommen werden.

Daher sollten Initiativen zur Antisemitismusbekämpfung vor allem auf Israel ausgerichtet sein, denn nur so können Vorurteile abgebaut werden. Begegnungen sind ebenfalls effektiv, im Gegensatz zu Statements zum Antisemitismus oder zur Toleranz an sich. Mit anderen Worten: Nicht über, sondern mit Juden reden.

5. Israel – Ursache der Erneuerung des jüdischen Volkes

„Israel ist die beste Garantie gegen einen neuen Holocaust"

-Golda Meir

DER STAAT ISRAEL ist eine Neuerung in der Situation des jüdischen Volkes, die den Volkscharakter stark beeinflussen wird und auch heute schon maßgeblich prägt. Im Folgenden werden wir uns ansehen, wie genau diese Veränderungen aussehen, wie das jüdische Volk damit umgeht und umgehen sollte, und was Herausforderungen der Zukunft für den jüdischen Staat sein werden.

Wie wir bereits wissen, war und ist die Religion ein essentieller Bestandteil der jüdischen Kultur und Tradition. Die Religion war es, die das in alle Welt verstreute jüdische Volk 2000 Jahre lang zusammenhielt. Doch mit der Staatsgründung Israels 1948 endete die Phase der Diaspora, jedenfalls wie man sie bis dahin kannte, endgültig. Familien, welche in Israel lebten, waren nun in ihrer Heimat, mussten sich also nicht mehr vor der Assimilation schützen. Das bedeutet, die Traditionen blieben zwar immer noch ein wichtiges Kulturgut, allerdings waren sie nicht mehr notwendig, um den jüdischen Charakter der Familie zu erhalten. Die Kinder werden sich schließlich auch als Juden identifizieren, schon allein deswegen, weil sie aus Israel kommen.

Ebenso in der Diaspora: Die jüdische Identität musste nicht mehr durch Religion, sondern konnte auch durch die Identifikation mit Israel ausgedrückt werden. Um eine Parallele zu ziehen: Russen, welche im Ausland leben, bringen ihre russische Identität oft durch eine Identifikation mit Russland und dem Gebrauch der russischen Sprache zum Ausdruck. Da das jüdische Volk nun einen eigenen Staat hatte, verhielten sich viele Juden in der Diaspora ähnlich: Eine starke Beschäftigung mit Israel und das Lernen der hebräischen Sprache war vor allem für weniger religiöse und säkulare Juden ein Weg, um sich mit ihrem Erbe auseinanderzusetzen.

Insgesamt lässt sich also feststellen, dass die Existenz von Israel als jüdischer Staat auf lange Sicht säkularisiert. Verstärkt wird das durch die laizistische Staatsform, welche Staat und Religion voneinander trennt. Das kommt im Übrigen auch zum Ausdruck, wenn besonders fromme Haredim sich gegen den jüdischen Staat aussprechen: Neben den religiösen Gründen sorgt auch das hier beschriebene Phänomen für die Antipathie zum Staat Israel. Das wird besonders bei der uns schon bekannten Bewegung Neturei Karta deutlich, welche zwar ein extremes Beispiel ist, jedoch eine ähnliche Argumentation zu anderen ultraorthodoxen Antizionisten aufweist. Die offizielle Position: „Zionismus definiert die wahre Natur des Volkes Israel um und ersetzt sie durch einen komplett entgegengesetzten Charakter – eine materialistische weltliche Nation."[53]

Daran wird die Kritik an der von der Existenz von Israel verursachten Säkularisierung deutlich. Weiter heißt es: „Selbst wenn die Zionisten physische Sicherheit garantieren könnten und würden, wäre der Preis dafür unser Glauben und unsere Torah."[53]

Auch wenn ich mich von Neturei Karta distanzieren möchte und sie aufgrund ihrer Ansichten für eine gefährliche Sekte halte, steckt auch hinter dieser Aussage ein wahrer Kern, nämlich dass die Identifizierung mit dem Staat auf Kosten der Religion erfolgt.

Wichtig ist allerdings, dass dieses Phänomen zwar große, aber keine katastrophalen Ausmaße hat: Wie wir wissen, gibt es auch in Israel sehr viele religiöse Personen und der Staat Israel ist zusammen mit den USA das wichtigste jüdische religiöse Zentrum der Welt. Die Religion ist noch immer in der Gesellschaft präsent, wird aber oft anders betrachtet und hat einen anderen Stellenwert als vor der zionistischen Einwanderungsbewegung. Meiner Meinung nach ist diese Tendenz positiv für das jüdische Volk, denn abgesehen von einigen kleinen ultraorthodoxen Gruppen eint der Staat Israel alle Juden, egal ob säkular, liberal oder orthodox, schafft aber zusätzlich eine religiöse Pluralität der Strömungen.

Es existieren weitere Einflüsse von Israel auf das jüdische Volk. Wir wissen, dass Juden in der Diaspora immer eine besonders starke Diskriminierung erfahren haben. Durch den Druck, besser als andere für die gleiche Anerkennung sein zu müssen, entwickelte sich mit der Zeit ein Fokus auf Bildung und Zielstrebigkeit in der jüdischen Erziehung. 37% aller Nobelpreisträger sind Juden, obwohl Juden nur 0,2% der Weltbevölkerung ausmachen. In der

Diaspora haben Juden häufig am meisten im Verhältnis zu ihrer Anzahl in der Bildung, in der Kultur oder im Staatswesen beigetragen.

Mit der Entstehung des Staates Israel hat sich das auch erst einmal nicht geändert: Die infrastrukturelle Erschließung von Eretz Israel wird häufig als Wunder bezeichnet, welches nur durch die hohe Intelligenz, Arbeitsbereitschaft und Zielstrebigkeit der Einwanderer zu erklären ist. Auch heute ist Israel eines der führenden Hightech-Zentren der Erde und hat die größte Dichte von Start-Ups pro Einwohner. Die jüdische Kultur hat sich mit der Entstehung von Israel nicht sofort geändert, und damit haben sich diese Prinzipien der Erziehung bewahrt. Auf lange Sicht allerdings wird sich auch die überdurchschnittliche mittlere Intelligenz und der Erfolg der Israelis normalisieren. Denn in Israel sind die Juden „unter sich", sodass der Leistungsdruck nicht mehr im früheren Maße notwendig ist. Der Prozess der Normalisierung wird allerdings noch mehrere Jahrhunderte dauern, denn die Erziehung und die Erfahrungen der Diaspora werden im kollektiven Gedächtnis Israels noch eine Weile fortleben.

Und trotzdem wird das jüdische Volk auch weiterhin besonders bleiben. Das hat zwei Gründe:

Erstens befindet sich Israel als Staat in einer Umgebung, die ihm nicht freundlich gesinnt ist. Daher muss auch Israel besondere Leistungen, vor allem in der Verteidigung und in der Diplomatie, erbringen, um überleben zu können. Dafür werden Spezialisten aus vielen verschiedenen Gebieten gebraucht, welche sich somit weiterbilden werden. Der Staat Israel in der islamischen Welt ist daher vergleichbar zu einem einzelnen Juden in der Diaspora.

Zweitens lebt über die Hälfte des jüdischen Volkes noch immer in der Diaspora, was sich auch nicht schlagartig ändern wird. In der Diaspora herrschen größtenteils immer noch solche Zustände, dass Juden unter größerem Leistungsdruck leben müssen. Somit wird sich die Intelligenz und Leistungsfähigkeit des jüdischen Volkes in der Diaspora nicht verändern. Da zudem kontinuierlich Personen aus der Diaspora nach Israel einwandern, werden diese ihre Erfahrungen mitbringen, sodass auch Israel diesbezüglich auf einem hohen Niveau bleibt.

Doch dem jüdischen Staat steht ein großes Dilemma bevor. Der Nahostkonflikt dauert schon seit mehr als 70 Jahren an. Den Palästinensern wurde immer wieder Frieden und ein eigener Staat angeboten, doch jedes Mal wurde das Angebot abgelehnt. Aus diesem und vielen anderen Gründen, auf die ich hier nicht näher eingehen möchte,[54] bin ich der Meinung, dass eine Zwei-Staaten-Lösung für Eretz Israel nicht in Frage kommt.

Die einzige Lösung neben dem Status quo ist also eine Annexion Judäas und Samarias und des Gazastreifens durch Israel. Doch dann müssten alle Palästinenser israelische Staatsbürger werden. Die Anzahl der Araber in Israel würde von etwa 1,3 Millionen auf etwa sechs Millionen ansteigen. Heute leben in Israel im Vergleich dazu etwa 6,7 Millionen Juden. Die Araber würden damit in wenigen Jahren schon die Bevölkerungsmehrheit bilden, da in den letzten fünfzig Jahren die Fertilitätsrate in Israel relativ konstant bei etwa drei Kindern pro Frau lag, während sie in den palästinensischen Gebieten zwischen vier und sechs schwankte.[55] Da Israel ein demokratisches Wahlrecht hat, würden die Araber damit wahrscheinlich die Regierung stellen. Damit hätte Israel seinen jüdischen Charakter verloren und wäre kein jüdischer Staat mehr. Man hätte ähnliche Zustände wie im Libanon, der Ursprünglich ein Staat der arabischen Christen war, später aber Muslime die Mehrheit bildeten. Als Alternative dazu besteht die Möglichkeit, den Palästinensern bei der Annexion keine Staatsbürgerschaft zu geben. Das würde aber mit dem demokratischen System Israels unvereinbar sein.

Das Dilemma wird also lauten: Judentum oder Demokratie. Ein möglicher Ansatz, das Problem angemessen zu lösen, wäre das Ausstellen von „Nichtbürger"-Pässen an die neue arabische Bevölkerung nach lettischem Vorbild. In Lettland gelten Personen, welche während der Mitgliedschaft des Landes in der Sowjetunion nach Lettland gezogen sind (meistens Russen), nicht als Staatsbürger. Diese haben ein offizielles lettisches Dokument als Äquivalent zum Reisepass, welches in den meisten Staaten akzeptiert wird. Insgesamt genießen lettische Nichtbürger die gleichen Rechte und staatlichen Schutz wie Bürger, mit der Ausnahme, dass sie kein Wahlrecht besitzen und nicht in staatlichen Institutionen arbeiten können. Für Israel wäre dieses Modell im Falle der Ein-Staaten-Lösung auf kürzere Sicht ein gutes Vorbild, denn so könnte man den jüdischen Staatscharakter bewahren, ohne die Demokratie aufgeben zu müssen. Dieses System wäre allerdings nur eine Übergangsregelung, da man sich langfristig sicherere Gesetze oder Pläne ausdenken müsste.

Die Frage ist schließlich, wie das jüdische Volk mit der Neuerung, dass es endlich wieder einen eigenen Staat hat, umgehen sollte. Erst einmal lässt sich feststellen, dass das jüdische Volk immer in Not war, nicht weil es in der Diaspora lebte, sondern weil es im Ernstfall nirgendwo hin fliehen konnte. Die Schoah wurde erst dadurch möglich, dass die Juden nicht stark genug waren, um sich zu wehren oder um vor der Verfolgung zu fliehen. Mit der Gründung Israels haben Juden überall auf der Welt die Gewissheit, dass Israel ihnen helfen und sie im Notfall auch verteidigen wird. Die äthiopischen Juden beispielsweise wurden vom Mossad, also von Israel, aus den gefährlichen Zuständen Äthiopiens unter der Militärdiktatur gerettet. Ohne die Existenz eines jüdischen Staates wäre ihre Rettung kaum möglich gewesen.

Der Staat Israel beschützt also alle Juden. Auch die wenigen antizionistischen Ultraorthodoxen werden, falls ihr Leben bedroht sein sollte, die Hilfe des Staates Israel mit Sicherheit nicht ablehnen. Daher sollte meiner Meinung nach von allen Juden eine gewisse Dankbarkeit an den Staat Israel zum Ausdruck kommen. Dies kann in einer sehr einfachen Form geschehen: Das Beste ist es, als Jude Israel in Diskussionen zu verteidigen. Natürlich sollten auch Juden die israelische Politik immer wieder hinterfragen, doch eines ist sicher: Israel ist der einzige Staat auf der Welt, welchem das jüdische Volk wirklich wichtig ist. Das sollte meiner Meinung nach jeder Jude im Hinterkopf behalten. Unter Juden kann Israel also durchaus debattiert werden. Nach außen hin sollte man allerdings aufgrund der genannten Tatsachen Israel immer verteidigen, und so versuchen, ein positiveres Israelbild zu schaffen. Jeder Jude sollte so seinen Beitrag zur Hasbarah leisten.

Nachwort

WIR KONNTEN SEHEN, dass es zurzeit nicht wenige Probleme für das jüdische Volk gibt. Es gibt sowohl Meinungsverschiedenheiten, die innerhalb des Volkes auftreten, wie zum Beispiel die Frage des Umgangs mit patrilinearen Juden oder die Rolle der Frau in der Religion, als auch Gefahren, die von außerhalb kommen, vor allem durch den Antisemitismus.

Doch das Einzigartige am jüdischen Volk ist, dass es seit mehreren Jahrtausenden seine Probleme bewältigen konnte. In der Antike waren die Juden in einer ganz anderen Situation als im Mittelalter, welche sich wiederum von der heutigen unterscheidet. Doch jedes Mal schaffte es das jüdische Volk, die Gefahren nicht nur zu überwinden, sondern auch positiv zu nutzen: Im Mittelalter konnten viele Juden Wohlstand erreichen, weil ihnen außer in den Finanzen der Weg in viele Berufsfelder versperrt war. Auch der Staat Israel, eines der größten Wunder der Menschheitsgeschichte, wurde als Reaktion auf Antisemitismus gegründet. Nicht anders wird es in der Zukunft sein.

Bei religiösen und sozialen Differenzen innerhalb des jüdischen Volkes sollte man einerseits zeitgemäße, moderne Ideen einbringen, andererseits die Tradition miteinbeziehen. Wichtig ist ebenfalls eine Unterscheidung von Religion und Kultur: Beispielsweise wäre es sinnvoll, patrilineare Juden in Gemeinden zu integrieren, da diese mehr als nur religiöse Zentren sind. Bei betont religiösen Veranstaltungen allerdings sollten auch weiterhin die Gesetze der Torah und des Talmuds gelten.

Leider ist es so, dass der Judenhass in der Welt vermutlich weiter wachsen wird. Es ist daher wichtig, ihm entgegenzuwirken. Von Seiten der Gesellschaft erwartet das jüdische Volk konkrete Taten und nicht nur Worte. Juden sollten Israel verteidigen, um auch dem Antizionismus, der neuen, modernen Form des Antisemitismus, entgegenzuwirken. Israel stellt für das jüdische Volk meiner Meinung nach die einzige Garantie einer Zukunftsperspektive dar. Denn selbst wenn der Antisemitismus lebensgefährliche Ausmaße annimmt, können sich die Juden sicher sein, dass Israel ihnen helfen wird. Eine neue Schoah wird es daher nicht mehr geben.

An die europäische Gesellschaft richte ich schließlich noch den Appell, sich bei der Bekämpfung von Diskriminierung zunächst um Antisemitismus zu kümmern, denn nur so können auch andere Formen des Hasses überwunden werden.

Meine Vorschläge, die in diesem Buch geäußert wurden, sind theoretische Ansätze, wie meiner Meinung nach der Umgang mit den besprochenen Themen sinnvoll wäre. Ich schließe allerdings nicht aus, dass es andere Möglichkeiten gibt, produktive Kompromisse und Regelungen zu finden. Wie dem auch sei, eines galt die letzten 4000 Jahre, gilt heute, und wird auch weiterhin gelten:

Am Yisrael Chai.

Glossar

IM FOLGENDEN WERDEN Wörter, die häufig spezifisch für die jüdische Kultur sind, kurz erklärt. In Klammern steht die Seitenzahl, bei der der Begriff erstmalig Verwendung findet.

A-/B-/C-Zonen (S. 106): Administrative Unterteilung von Judäa und Samaria. Die A-Zone wird vollständig von der PA kontrolliert, in der B-Zone hat die PA nur zivile Befugnisse. Die C-Zone steht unter vollständiger israelischer Kontrolle.

Ahasveros (Xerxes I.) (S. 78) (519-465 v.u.Z.) war ein persischer König. Er ist eine der Hauptpersonen in der Geschichte des Feiertages Purim und im Buch Esther.

Die **Aktionswochen gegen Antisemitismus (S. 125)** sind eine jährlich stattfindende Veranstaltungsreihe zum Thema Judenhass, die von der Amadeu-Antonio-Stiftung organisiert wird.

Der **Al-Quds-Tag (S. 51)** ist die Bezeichnung für den vom iranischen Revolutionsführer Ruhollah Chomeini ausgerufenen jährlichen antisemitischen Protesttag gegen die Existenz Israels. Demonstrationen finden auch außerhalb des Irans, zum Beispiel in Deutschland, statt.

Alija (S. 41) ist der Prozess der Einwanderung einer Person nach Israel auf Grundlage des Rückkehrgesetzes für Juden und ihre Nachkommen.

Die **Amadeu-Antonio-Stiftung (S. 125)** ist eine gemeinnützige Stiftung, die sich gegen Diskriminierung und Rechtsextremismus einsetzt.

Antijudaismus (S. 19) bezeichnet den Hass auf die jüdische Religion.

Antisemitismus (S. 9) bezeichnet nach IHRA-Arbeitsdefinition „eine bestimmte Wahrnehmung von Juden, die sich als Hass gegenüber Juden ausdrücken kann. Der Antisemitismus richtet sich in Wort und Tat gegen jüdische oder nicht-jüdische Einzelpersonen und/oder deren Eigentum, sowie gegen jüdische Gemeindeinstitutionen und religiöse Einrichtungen. "

Arafat, Jassir (S. 106) (1929-2004) war ein palästinensischer Aktivist, Terrorkoordinator und Vorsitzender der PLO und Fatah.

Die **Aramäer (S. 22)** sind ein semitisches Volk der Levante.

Aschkenasim (S. 46) bezeichnet Juden, deren Vorfahren aus Mittel- und Osteuropa stammen.

BDS (S. 118) steht für „Boycott, Divestment, Sanctions". Die propalästinensische Organisation versucht durch

Boykottaufrufe, der israelischen Wirtschaft zu schaden. BDS wird von vielen Staaten und Organisationen als antisemitisch eingestuft.

Ben-Gurion, David (S. 14) (1886-1973) war ein israelischer Politiker und der erste Premierminister Israels.

Die **Botschaft der USA in Israel (S. 109)** wurde 2018 von Tel-Aviv nach Jerusalem verschoben. Damit erkannten die Vereinigten Staaten Jerusalem als Hauptstadt Israels an.

Das **Buch Esther (S. 78)** ist Teil des Tanach und der Ketuvim. Es erzählt die Geschichte des Purimfestes.

Chanukka (S. 109) ist ein jüdischer Feiertag, welcher meistens im Dezember stattfindet.

Der Judenstaat (S. 27) ist ein Buch von Theodor Herzl, welches 1896 erschienen ist. Herzl formulierte dort seine Vision eines jüdischen Staates. Das Werk gilt als Fundament der zionistischen Bewegung.

Diaspora (S. 10) ist der Begriff für die Gesamtheit der Juden, welche nicht in Israel leben.

Eretz Israel (S. 12), auch Palästina oder Land Kanaan genannt, bezeichnet ein Gebiet in der Levante, in dem unter anderem das heutige Israel liegt.

Die **Fatah (S. 106)** ist eine palästinensische Terrorgruppe, welche Teil der PLO ist. Die Fatah kontrolliert die palästinensischen Gebiete von Judäa und Samaria.

Die **Flugzeugentführung in Entebbe (S. 113)** war eine Geiselnahme der Fluggäste eines Flugzeugs aus Tel-Aviv 1976 durch palästinensische und deutsche Terroristen. Der Flug wurde nach Entebbe in Uganda umgeleitet. Israelischen Soldaten gelang es, die Geiseln zu befreien.

Der **Gazastreifen (S. 106)** ist ein Küstenabschnitt im Südwesten Israels, der seit 2005 unter der Herrschaft der Hamas steht.

George Soros (S. 98) (geb. 1930) ist ein US-amerikanischer Investor, der sich auch politisch engagiert. Er ist ein häufiger Bestandteil rechter Verschwörungstheorien.

Ein **Ghetto (S. 80)** war in europäischen Städten ein Bezirk, in dem die Juden getrennt vom Rest der Bevölkerung leben mussten.

Giur (S. 29) bezeichnet den religiösen Übertritt ins Judentum.

Die **Hamas (S. 106)** ist eine palästinensisch-islamistische Terrororganisation, die den Gazastreifen kontrolliert.

Hasbarah (S. 135) bezeichnet Aufklärungsarbeit über Israel.

Haskalah (S. 45) bezeichnet die Bewegung der jüdischen Aufklärung im 18. Jahrhundert. Ziele waren Toleranz gegenüber Juden und die Emanzipation der Juden in der europäischen Gesellschaft.

Hebräisch (S. 9) ist die Amtssprache Israels.

Herzl, Theodor (S. 14) (1860-1904) war ein jüdischer Aktivist, der die zionistische Bewegung gründete und sich für einen jüdischen Staat einsetzte.

Die **IHRA (S. 83)** ist die International Holocaust Remembrance Alliance. Die Organisation hat das Ziel, Forschung und Gedenken an den Holocaust zu fördern.

Die **Jewish Agency for Israel (S. 34)**, auch JAFI oder Sochnut, ist eine Organisation, die Alija und jüdische Gemeinschaften in vielen Ländern unterstützt.

Jiddisch (S. 15) ist die traditionelle Sprache der aschkenasischen Juden.

Jom Kippur (S. 95) ist ein wichtiger jüdischer Feiertag im Herbst.

Judäa und Samaria (S. 90), auch Westjordanland oder Cisjordanien, ist eine Region im Osten Israels, welche im Verlauf des Sechstagekriegs von 1967 von Israel erobert wurde.

Die **Juden in Äthiopien (Beta Israel) (S. 134)** sind vermutlich Nachfahren des Stammes Dan. Da sie abgeschottet vom Rest des Judentums lebten, kennen sie den Talmud nicht. Dennoch werden sie in Israel als Juden anerkannt, sodass heute die große Mehrheit der äthiopischen Juden in Israel lebt.

Die **Juden in Medina (Banu Quraiza) (S. 103)** waren ein jüdischer Stamm, welcher großen Einfluss im vorislamischen Medina hatte. Im Jahr 627 wurde der Stamm durch Mohammeds Truppen vernichtet.

Die **Kanaanäer (S. 22)** waren ein antikes semitisches Volk in der Levante.

Die **Klagemauer (S. 54)** ist die einzige Mauer, die vom zweiten jüdischen Tempel in Jerusalem verblieben ist. Sie ist heute der wichtigste Ort in der jüdischen Religion.

Die **Knesset (S. 53)** ist das israelische Parlament.

Kontingentsflüchtling (S. 34) ist in diesem Zusammenhang eine Person, die aufgrund ihrer jüdischen Herkunft nach Deutschland einwandern durfte.

Koscher/Kaschrut (S. 47) bezeichnet die Lebensmittelgesetze im Judentum.

Ladino (S. 15) ist die traditionelle Sprache der sephardischen Juden.

Die **Mischna (S. 22)** ist ein wichtiger Bestandteil des Talmuds.

Eine **Mitzwa (S. 38)** ist ein religiöses Gebot im Judentum.

Der **Mossad (S. 118)** ist der Auslandsgeheimdienst Israels.

Der **Nahostkonflikt (S. 50)** ist der Konflikt zwischen Israelis und Arabern um Land- und Machtansprüche in Eretz Israel.

Während der **Novemberpogrome von 1938 (S. 90)** wurden Synagogen verbrannt und jüdische Einrichtungen in Deutschland geplündert.

Die **Orthodoxe Rabbinerkonferenz Deutschlands (ORD) (S. 57)** ist eine Zusammenkunft der Rabbiner orthodoxer jüdischer Gemeinden in Deutschland.

Die **PA (Palästinensische Autonomiebehörde) (S. 83)** ist das Verwaltungsorgan der Palästinenser in Judäa und Samaria.

Pessach (S. 63) ist ein wichtiger jüdischer Feiertag im Frühling.

Die **PLO (Palästinensische Befreiungsorganisation) (S. 106)** ist eine palästinensische Terrororganisation und Dachverband verschiedener Untergruppen.

Die **Protokolle der Weisen von Zion (S. 92)** sind eine Sammlung gefälschter Dokumente, aus denen eine angebliche jüdische Weltverschwörung hervorgeht.

Eine **Rebbetzin (S. 72)** ist die Frau eines Rabbiners und hat verschiedene Aufgaben in der Gemeinde.

Rosch Haschana (S. 49) ist ein wichtiger jüdischer Feiertag im Herbst.

Schabbat (S. 45) bezeichnet den wöchentlichen jüdischen Feiertag, welcher von Freitag zu Samstag stattfindet. Am Schabbat ist es verboten zu arbeiten.

Die **Schoah (S. 19)** ist ein Synonym für den Holocaust.

Schtetelech (S. 30) waren Dörfer oder Stadtteile mit jüdischer Bevölkerungsmehrheit in Osteuropa (keine Ghettos).

Als **Sephardim (S. 53)** werden Juden bezeichnet, deren Vorfahren von der Iberischen Halbinsel stammen.

Das **Simon-Wiesenthal-Center (S. 111)** ist eine jüdische Nichtregierungsorganisation.

Das **Sykes-Picot-Abkommen (S. 104)** ist ein 1916 zwischen Frankreich und Großbritannien geschlossenes Geheimabkommen über die Aufteilung des Nahen Ostens nach dem Ersten Weltkrieg.

Der **Tanach (S. 20)** ist die wichtigste heilige Schrift im Judentum, welche aus Torah, Neviim (Propheten) und Ketuvim (Schriften) besteht.

Tefillin (S. 71) sind Lederriemen, welche zum Gebet angelegt werden.

Die **Torah (S. 12)** besteht aus den fünf Büchern Mose.

Die **Union der Progressiven Juden in Deutschland (S. 69)** bildet als Äquivalent zum Zentralrat den Dachverband und die Vertretung reformistischer jüdischer Gemeinden Deutschlands.

Die **Werteinitiative (S. 118)** ist eine jüdische Nichtregierungsorganisation in Deutschland.

Der **Zentralrat der Juden in Deutschland (S. 32)** bildet die Vertretung und den Dachverband jüdischer Gemeinden Deutschlands.

Zionismus (S. 14) ist die Ideologie vom Aufbau und von der Unterstützung eines jüdischen Staates.

Die **Zwei-Staaten-Lösung (S. 121)** sieht eine Lösung des Nahostkonflikts vor, nach welcher ein jüdischer und ein arabischer Staat in Eretz Israel separat existieren sollen.

Die **ZWST (Zentralwohlfahrtsstelle der Juden in Deutschland) (S. 36)** ist eine Organisation, die jüdische Gemeinden in Deutschland unterstützt.

Quellen

Einzelnachweise:

Kapitel 1:
[1] Josef W. Stalin: Marxismus und nationale Frage (1913). Siehe unter:
https://www.marxists.org/deutsch/referenz/stalin/1913/natfrage/kap1.htm,
abgerufen am 13.01.2020 um 18:50

[2] Berischit 17, 10-14

[3] Mischna Kidduschin 3,12

[4] Theodor Herzl: Der Judenstaat (1896). Siehe unter:
http://ldn-knigi.lib.ru/JUDAICA/Herzl-Judenstaat.pdf,
abgerufen am 13.01.2020 um 18:55

[5] Siehe [4], Seite 38

[6] Unabhängigkeitserklärung des Staates Israel (1948). Siehe unter:
https://de.wikipedia.org/wiki/Israelische_Unabhängigkeitserklärung#Deutsche_Übersetzung, abgerufen am 14.01.2020 um 12:04

[7] Nationalstaatsgesetz Israels (2018), Artikel 1.c. Siehe unter:

https://knesset.gov.il/laws/special/eng/BasicLawNation State.pdf, abgerufen am 14.01.2020 um 12:25

[8] Rückkehrgesetz Israels (1950, 1970), Artikel 1. Siehe unter: https://mfa.gov.il/MFA/MFA-Archive/1950-1959/Pages/Law%20of%20Return%205710-1950.aspx, abgerufen am 14.01.2020 um 12:52

[9] Rückkehrgesetz Israels (Ergänzung von 1970), Artikel 4B. Näheres unter [8].

[10] Rückkehrgesetz Israels (Ergänzung von 1970), Artikel 4A. Näheres unter [8].

[11] https://www.jpost.com/Israel-News/6-out-of-7-immigrants-to-Israel-not-Jewish-611842, abgerufen am 15.01.2020 um 16:05

[12] https://www.juedische-allgemeine.de/religion/respektvoll-nacharbeiten/, abgerufen am 17.01.2020 um 19:23

[13] https://www.jpost.com/Israel-News/Politics-And-Diplomacy/Change-Law-of-Return-says-chief-rabbi-following-FSU-non-Jews-comments-613440, abgerufen am 17.01.2020 um 23:12

Kapitel 2:
[14] „Why orthodox Jews are opposed to a Zionist state." (Statement Neturei Karta) Siehe unter:

https://www.nkusa.org/AboutUs/Zionism/opposition.cf m, abgerufen am 12.02.2020 um 19:49

[15] https://www.ekd.de/messianische_juden-1-anlass-und-kontexte-30360.htm, abgerufen am 22.01.2020 um 19:49

[16] https://www.welt.de/welt_print/article2393032/Ein-Hurrikan-namens-Sarah.html, abgerufen am 23.01.2020 um 15:15

[17] https://www.juedische-allgemeine.de/allgemein/in-der-jesusfalle/, abgerufen am 23.01.2020 um 15:39

[18]http://juden.judentum.org/judenmission/messianische-juden.htm, abgerufen am 23.01.2020 um 16:20

[19] https://www.deutschlandfunk.de/liberale-juden-in-deutschland-kein-judentum-light.886.de.html?dram:article_id=289926, abgerufen am 23.01.2020 um 17:18

[20] Devarim 22,5

[21] https://www.huffpost.com/entry/what-is-secular-judaism_b_1646467, abgerufen am 26.01.2020 um 14:49

Kapitel 3:
[22] https://www.erf-melodie.com/radio/thema-des-monats/detail/article//Erfindungen-aus-Israel-die-um-

die-Welt-gehen.html, abgerufen am 29.01.2020 um 22:07

[23] https://www.tagesspiegel.de/politik/eu-rede-von-palaestinenserpraesident-abbas-applaus-fuer-antisemitismus/13840376.html, abgerufen am 27.01.2020 um 22:10

[24]https://embassies.gov.il/berlin/NewsAndEvents/Pages/IHRA-einigt-sich-auf-Arbeitsdefinition-für-Antisemitismus.aspx, abgerufen am 27.01.2020 um 22:20

[25] http://raa-berlin.de/wp-content/uploads/2019/01/RAA-BERLIN-DO-RASSISMUS-EINE-DEFINITION-FÜR-DIE-ALLTAGSPRAXIS.pdf, abgerufen am 27.01.2020 um 22:37

Kapitel 4:
[26] https://tapferimnirgendwo.com/2019/11/10/9-november-deutschland-fordert-juden-auf-wieder-opfer-zu-sein/, abgerufen am 30.01.2020 um 14:03

[27] https://www.youtube.com/watch?v=xfMZ6X2QAyc, abgerufen am 30.01.2020 um 21:52

[28] https://forward.com/news/world/360967/anti-semitism-spikes-in-poland-stoked-by-populist-surge-against-refugees/, abgerufen am 30.01.2020 um 22:40

[29] https://www.deutschlandfunk.de/antisemitismus-heute-die-afd-legt-hand-an-den-grundsatz-nie.720.de.html?dram:article_id=468918, abgerufen am 31.01.2020 um 21:50

[30] Grundsatzerklärung der JAfD. Siehe unter: https://www.j-afd.org/grundsatzerklaerung, abgerufen am 31.01.2020 um 22:05

[31] https://www.rnz.de/politik/hintergrund_artikel,-diskussionstag-in-heidelberg-antisemitismus-schleichendes-gift-_arid,395174.html, abgerufen am 01.02.2020 um 16:41

[32] https://www.juedische-allgemeine.de/politik/treife-alternative/, abgerufen am 31.01.2020 um 22:07

[33] https://www.belltower.news/afd-zwischen-pro-israel-bekundungen-und-antisemitismus-teil-2-93567/, abgerufen am 31.01.2020 um 22:10

[34] https://www.zeit.de/amp/politik/deutschland/2019-10/reaktionen-halle-anschlag-annegret-kramp-karrenbauer-antisemitismus, abgerufen am 01.02.2020 um 15:10

[35] https://www.pnp.de/nachrichten/politik/3085203_Zentralrat-der-Juden-Kein-Verstaendnis-fuer-Engagement-von-Juden-bei-AfD.html, abgerufen am 02.02.2020 um 18:40

[36] Sahih Muslim, 5203

[37] http://www.matthiaskuentzel.de/contents/von-goebbels-zu-ahmadinejad, abgerufen am 03.02.2020 um 18:40

[38] https://palwatch.org/page/17284, abgerufen am 04.02.2020 um 17:38

[39] https://www.zeit.de/politik/ausland/2018-05/mahmud-abbas-palaestinenserpraesident-juden-schuld-holocaust, abgerufen am 04.02.2020 um 18:03

[40] https://global100.adl.org/map, abgerufen am 04.02.2020 um 18:25

[41] https://www.zeit.de/1976/16/linker-antisemitismus-ist-unmoeglich, abgerufen am 05.02.2020 um 17:40

[42] https://global100.adl.org/about/global100, abgerufen am 06.02.2020 um 18:15

[43] https://www.bpb.de/apuz/199898/deutsche-israelbilder-essay?p=all, abgerufen am 06.02.2020 um 18:52

[44] Philipp Müller, 2017. Ein Israel: Warum die Zwei-Staaten-„Lösung" keine Lösung ist. (Kapitel 5)

[45]https://www.handelsblatt.com/politik/international/gazastreifen-vier-palaestinenser-von-israelischem-

militaer-getoetet/24890826.html?ticket=ST-119667-3CE0MciyltILmGpf1TRZ-ap1, abgerufen am 09.02.2020 um 18:07

[46] https://www.swr.de/swraktuell/Nahost-Konflikt-Israel-greift-nach-Raketenbeschuss-in-Gaza-an-ein-Toter,neue-gewalt-gazastreifen-100.html, abgerufen am 09.02.2020 um 18:10

[47] https://www.zdf.de/kinder/logo/israel-120.html, abgerufen am 09.02.2020 um 18:21

[48] https://www.zdf.de/kinder/logo/erklaerstueck-israel-100.html, abgerufen am 09.02.2020 um 18:26

[49] https://www.spiegel.de/politik/lobbyismus-im-bundestag-wie-zwei-vereine-die-deutsche-nahostpolitik-beeinflussen-wollen-a-00000000-0002-0001-0000-000164871539, abgerufen am 09.02.2020 um 18:56

[50] https://www.spiegel.de/spiegel/print/d-145529195.html, abgerufen am 09.02.2020 um 19:42

[51] Dokumentation: „Auserwählt und Ausgegrenzt: Der Hass auf Juden in Europa."

[52] https://palwatch.org/page/15551, abgerufen am 09.02.2020 um 20:29

Kapitel 5:

[53] „Why orthodox Jews are opposed to a Zionist state." (Statement Neturei Karta) Siehe unter: https://www.nkusa.org/AboutUs/Zionism/opposition.cf m, abgerufen am 12.02.2020 um 19:49

[54] Nähere Argumentation: Philipp Müller, 2017. Ein Israel: Warum die Zwei-Staaten-„Lösung" keine Lösung ist.

[55] https://www.sueddeutsche.de/leben/geburtenrate-warum-in-israel-so-viele-kinder-geboren-werden-1.3320566, abgerufen am 13.02.2020 um 20:11

Quellen

Weiterführende Literatur:

Kapitel 1:
- https://www.juedische-allgemeine.de/religion/das-mutterprinzip/

- https://www.juedische-allgemeine.de/religion/respektvoll-nacharbeiten/

- http://www.masorti.de/pdf/189_Flyer_Giur_DE.pdf

Kapitel 2:
- https://www.jewishvirtuallibrary.org/hasidim-and-mitnagdim

- https://www.juedische-allgemeine.de/allgemein/in-der-jesusfalle/

- http://juden.judentum.org/judenmission/messianische-juden.htm

- https://www.ekd.de/messianische-juden-3-deutung-des-phaenomens.htm

- https://www.nzz.ch/wenn_der_rabbi_eine_frau_ist-1.6679751

Kapitel 3:

- KÜNG, Hans, 1991. Das Judentum: Die religiöse Situation der Zeit. München, Piper Verlag. (Nur sehr bedingt zu empfehlen, es entsteht der Eindruck einer Rechtfertigung des Christentums vor dem Judentum.)

Kapitel 4:

- https://tapferimnirgendwo.com/2019/11/10/9-november-deutschland-fordert-juden-auf-wieder-opfer-zu-sein/

- https://www.juedische-allgemeine.de/juedische-welt/der-mob-ist-los/

- https://www.belltower.news/afd-zwischen-pro-israel-bekundungen-und-antisemitismus-teil-2-93567/

- https://www.deutschlandfunk.de/ns-und-naher-osten-exportierter-antisemitismus.886.de.html?dram:article_id=461073

- http://www.matthiaskuentzel.de/contents/von-goebbels-zu-ahmadinejad

- https://palwatch.org/page/17284

- Heft des Sarah-Nussbaum-Zentrums Kassel: „Zwischen Anfeindung und Solidarität:

Antisemitismus aus Sicht der jüdischen Community."

- TENENBOM, Tuvia, 2015. Allein unter Deutschen: Eine Entdeckungsreise. Frankfurt, Suhrkamp Verlag.

Kapitel 5:
- Modell für eine mögliche kurzfristige Lösung des Judentum-Demokratie-Dilemmas: https://www.deutschlandfunk.de/nichtbuerger-in-lettland-den-lettischen-pass-gibt-s-nur-mit.795.de.html?dram:article_id=439934

Danksagung

Bei den Folgenden möchte ich mich für ihre Unterstützung bedanken:

Mama, die mir beim Korrigieren geholfen hat und immer eine starke Unterstützung war.

Alex, der mich mit vielen hilfreichen Informationen versorgt hat.

Eli und Nastia, die durch ihre Erfahrungsberichte dieses Buch lebendig gemacht haben.